KB004293

아는데 모르는 나라,
일본

아는데 모르는 나라, 일본

가서 보면 궁금해지는 시시콜콜 일본 문화

초판 1쇄 발행 2023년 7월 30일
초판 6쇄 발행 2024년 9월 25일
지은이 박탄호

펴낸곳 도서출판 따비
펴낸이 박성경
편집 신수진, 정우진
디자인 김종민
출판등록 2009년 5월 4일 제2010-000256호
주소 서울시 마포구 월드컵로28길 6(성산동, 3층)
전화 02-326-3897
팩스 02-6919-1277
메일 tabibooks@hotmail.com
인쇄·제본 영신사

ISBN 979-11-92169-27-9 03910

책값은 뒤표지에 있습니다.

아는데 모르는 나라, 일본

まつり

おんせん

🌸 박탄호 지음 🌸

おさけ

ラムネ

とりい

すし

ラーメン

しろ

のれん

コンビニ

가서 보면 궁금해지는 시시콜콜 일본 문화

일러두기

• 관용적으로 표기하는 몇몇 단어를 제외하고는, 고유명사를 포함한 일본어 표기는 국립국어원의 외래어 표기법을 따랐다. 실제 발음과 달라 다소 어색하게 느껴지는 부분에 관해서 너그러운 양해를 바란다.

• 별도의 출처를 밝히지 않은 모든 사진은 저자가 직접 촬영한 것이다. 사전에 허락받지 않은 사용을 금한다.

책을 내며

2012년 4월, 교환학생 자격으로 일본에 건너왔다. 일찍이 일본어능력시험 1급(현재는 N1) 자격증을 취득한 덕에 일상생활에 지장은 없었으나, 한국과는 다른 문화와 관습, 사회 제도로 인해 매일 벽에 부딪치는 기분을 느꼈다.

답답한 마음에 해외 배송으로 일본 관련 서적들을 구입했고, 이를 통해 그간 알지 못한 일본인의 정체성과 역사, 전통 및 관습을 배워나갔다. 그럼에도 마음이 개운치 않고 나사 하나가 빠진 듯한 답답함이 이어졌다.

책에서 배우는 역사니 전통이니 하는 이야기들도 좋지만, 내가 정말 알고 싶은 건 일본 택시가 자동문인 이유, 신칸센 열차 선두 부분이 물총새 머리 모양을 한 까닭, 규슈의 보행자 신호등에서 흘러나오는 구슬픈 음악의 정체, 시험을 앞두고 돈가스를 먹는 사정과 같이 일본에 살며 목격한 신기한 현상과 모습에 관한 설명인데, 아쉽게도 이런 가려움을 삭삭 긁어주는 책을 찾지 못한 탓이었다.

그리하여 일본 초등학생이 벽돌 모양 가방을 메게 된 배경, 일본 가게 앞에 걸린 헝겊 '노렌'의 정체 등 일본을 접한 사람이라면 한 번쯤 궁금해했을 이야기를 소개하는 책을 쓰기로 하고, 일본에서 출간된 서적과 논문을 통해 퍼즐을 맞춰나갔다. 이후 11년간 독서와 자료 수집, 인터뷰, 원고 작성을 반복한 끝에 맛있는 음식 이야기로 세상을 이롭게 하는 도서출판 따비와 함께 결실을 맺었다.

이 책 《아는데 모르는 나라, 일본》은 일본인의 정체성과 역사, 전통, 예절, 정치, 한일 관계와 같은 심오한 주제를 논하지는 않는다. 대신 일본 여행을 하면서 혹은 대중매체를 통해 접한 신기한 모습과 사회 현상의 이면, '일본' 하면 떠오르는 음식에 숨은 이야기처럼 한 번쯤 호기심을 가졌을 주제를 다루는 것으로, 알면서도 모르는 일본을 색다른 시각으로 알아가고자 한다.

평소 '아는 만큼 보인다'라는 믿음으로 매일 새로운 지식을 갈구하는 만큼, 이 책을 읽으신 분들께서 향후 보다 즐겁고 신나는 일본 여행을 하시기를 기원한다.

《일본 소도시 여행》과《늘 곁에 있어주던 사람에게》에 이어 세 번째 책인《아는데 모르는 나라, 일본》이 나오기까지는 많은 이들의 도움이 있었다. 대학교와 대학원 시절 균형 잡힌 시야를 갖도록 도와주신 지도교수님들과 아낌없는 응원을 보내준 친구들, 나조차 나를 믿지 못하던 시절에 흔들리지 않도록, 뒤돌아보지 않도록 붙잡아주신 많은 블로그 이웃분들, 그리고 《아는데 모르는 나라, 일본》원고를 채택해주신 도서출판 따비의 박성경 대표님과 꼼꼼하게 원고를 다듬어주시고 부족한 점을 채워주신 신수진 편집자님, 말문 트이기가 무섭게 입버릇처럼 '왜?'라고 질문을 쏟아냈음에도 한 번도 싫은 내색 없이 답해주시고 도움을 주시고자 했던, 이제는 하늘에서 지켜봐주고 계실 아버지와 매일 티격태격하지만 그 누구보다 사랑하는 어머니까지, 함께해준 분들께 감사 인사를 전하며 이 책을 읽어주실 독자분들께도 진심으로 감사드린다.

고맙습니다.

2023년 7월, 남의 나라 육첩방에서, 박탄호

책을 내며 005

1부 알고 보면 두 배로 재미있다!

담뱃갑과 물총새, 신칸센 디자인의 비밀 013

일본 택시가 자동 문인 이유 024

못생긴 경차들이 판매 순위 상위권을 휩쓴 사연 034

뒤로 타고 앞으로 내리는 일본 시내버스 050

동일본 대 서일본, 달라도 너무 다른 두 지역을 비교한다 063

일본 주택가 골목은 언제부터 그렇게 깨끗했나 073

더러울수록 인기 많은 가게? 092

일본 자판기에는 동전이 몇 개까지 들어갈까 100

입욕 욕구 뿜뿜, 온천 마크는 언제 등장했을까 113

'장어의 침상'처럼 좁아요, 일본의 전통 가옥 129

음식으로 만든 성이 있다? 145

게이샤가 새하얗게 화장하는 이유 161

서양 인상주의 화가들이 반한 도자기 포장지 170

일본의 취준생은 유니폼을 입는다 180

일본 초등학생들의 필수품, 란도셀 190

연말연시만 되면 줄 서는 이유 197

도쿄 대중목욕탕에 후지산 그림이 있는 연유 206

삼각김밥과 함께 성장한 일본의 편의점 216

2부 알고 먹으면 두 배로 맛있다!

기차 여행의 별미 에키벤 239

후루룩 소리 내며 먹어야 맛있다, 라멘 252

돈가스에서 고로케까지, 튀김 요리에 빠진 일본인 261

뿌려 먹을까, 그냥 먹을까? 탕수육 논쟁 못지않은 가라아게 논쟁 272

크리스마스에 프라이드치킨을 먹게 된 사연 280

소식하는 일본인? 알고 보면 음식에 진심인 편 286

혼밥의 역사는 하루아침에 이루어지지 않았다 293

일본인의 밥상, 스시 305

알고 마시면 맛이 두 배, 일본주 316

일본인의 진짜 얼굴이 보고 싶을 땐 깃사텐으로 333

일본의 국민 음료 라무네에 구슬이 들어 있는 이유는? 349

젓가락이면 충분하다! 일본의 식사 매너 361

포장해 가면 8퍼센트, 먹고 가면 10퍼센트? 알쏭달쏭 소비세 368

참고문헌 375

그림 출처 382

1부

담뱃갑과 물총새,
신칸센 디자인의 비밀

도쿄 올림픽을 아흐레 앞둔 1964년 10월 1일 목요일 오전 5시 40분, 도쿄역東京駅 19번 승강장에서 도쿄역과 신오사카역新大阪駅을 잇는 도카이도 신칸센東海道新幹線(552.6킬로미터 구간)의 개통식이 열렸다. 흰 바탕에 파란색 띠를 두른 '히카리 1호'는 당시로서는 경이로운 속도인 시속 210킬로미터(2023년 현재 시속 285킬로미터)로 출발한 지 4시간 만에 신오사카역에 도착했다.

이후 60여 년, 세계 최초의 고속철도 신칸센은 차체 결함으로 인한 인명 사고 제로(0)를 기록하며 세상에서 가장 안전한 고속철도로 인정받았다. 여기에 각기 다른 개성을 지닌 차량과 지역 한정 에키벤(역 도시락), 독특한 청소 시스템이 해외에도 소개되는 등 일본 하면 떠오르는 이미지 중 하나로 자리매김했다.

선두 차량 모양은
물총새 머리?

'빠르고 안전한 고속철도'라는 명예 이면에는 운행 초기의 숨기고 싶은 결함도 있었다. 차량이 빠른 속도로 터널에 진입할 때 터널 안에 머물러 있던 공기가 압축되면서 큰 파동이 발생해, 이후 열차가 터널 출구를 통과할 때 엄청난 소음을 낳은 것이었다. 그로 인해 소음과 관련한 항의가 끊이질 않았고 신칸센 측의 고민은 30년간 계속됐다. 그리하여 JR*과 신칸센 개발자들은 소음을 줄이는 데 주력했고, 1996년 새롭게 출시한 500계 모델의 선두 차량 앞부분을 물총새 머리 모양으로 만드는 것으로 문제를 해결했다. 아니, 차량 앞부분을 물총새 모양으로 한 것이 소음 감소와 무슨 상관이 있다는 말인가?

논리는 이러했다.

---

* 1987년 일본국유철도가 민영화되면서 지역별로 운영하는 7개 철도 주식회사의 총칭.

물총새의 길고 뾰족한 머리를 흉내 낸
신칸센 선두 차량의 모양

　일반적으로 하늘이나 절벽과 같이 높은 곳에서 아래쪽 물가
로 물건을 떨어뜨리면 큰 파동과 함께 '첨벙' 하는 소리가 들
리게 마련이다. 하지만 물총새는 다르다. 평소 물총새는 물 위
를 맴돌다 먹잇감을 포착하는 순간 빠른 속도로 낙하해 물고
기를 낚아채는데, 길고 뾰족한 머리와 부리 덕분에 머리가 물
에 닿아도 최소한의 파동만 발생한다. 이로 인해 파동을 느끼

지 못한 물고기들은 매번 물총새의 희생양이 되는 것이다.

이런 특성에 주목한 신칸센 개발자들이 물총새 머리 모양을 본떠 선두 차량을 디자인함으로써 운행 시의 파동을 최소화했고, 소음을 대폭 줄이는 데 성공했다.

담뱃갑 디자인을 따라 한
도카이도 신칸센 차량

일본국유철도日本国有鉄道 4대 총재였던 소고 신지十河信二는 오늘날 '신칸센의 아버지'라 불린다. 그는 기존 7시간 이상 걸리던 도카이도 노선(도쿄 - 오사카 구간)의 운행 횟수를 늘리기 위해 차량 개발에 착수, 1958년에 국철비즈니스특급国鉄ビジネス特急(신칸센이 등장하기 전까지 가장 빠른 열차였다) '고다마'를 내놓았다. 이듬해 고다마는 시속 163킬로미터를 기록하며 전 세계 협궤열차(궤간의 폭이 표준 궤간인 1,435밀리미터보다 좁은 궤도를 운행하는 열차) 중 가장 빠른 열차로 인정받기도 했다.

이런 성공에 힘입어 '고속열차' 개발에 탄력을 받은 일본국유철도는 1959년 4월 20일에 도카이도 신칸센 착공을 결정하고, 개통 예정 2년 전인 1962년 2월 차량 색상을 정하는 회의를 열었다. 신칸센이 등장하기 전까지 '고속열차'였던 고다마는 빨간색을 기본으로 칠해져 있었다. 이는 바퀴에 달린 브레이크가 작동할 때마다 발생한 마찰로 인해 생긴 쇠 부스러기가 튀어 차체를 더럽히는 것을 숨기는 데 빨간색만 한 게 없기 때문이었다. 그런데 새롭게 개발한 신칸센 열차의 브레이크는 아무리 큰 마찰이 발생해도 쇠 부스러기가 생기지 않았다. 그 덕에 더 이상 차량을 빨갛게 칠할 필요가 없어졌다.

다만, 고다마의 색상 덕에 '고속열차 = 빨간색'이라는 사회적 통념이 자리 잡고 있었기에 일본국유철도 내부에서도 의견이 엇갈렸다. 많은 이들이 고속열차 하면 빨간색을 연상하는 만큼 흰 바탕에 빨간색을 칠해야 한다고 주장했다. 반면 또 다른 이들은 하네다 공항을 드나드는 해외 국적 항공기 중 많은 수가 파란색을 칠했는데(대표적으로 지금은 파산한 PAN AM) 이를 볼 때마다 속도감이 느껴진다, 따라서 도카이도 신칸센도 '고속철도' 이미지에 걸맞게 흰 바탕에 파란색을 칠해야 한다고 주장하며, 양쪽 의견이 첨예하게 대립했다.

1962년 2월, 소고 신지를 비롯해 회사 간부들과 직원들이 모인 회의에서도 마찬가지였다. 빨간색이다, 파란색이다, 여느

흰색 바탕에 파란색을 칠한
도카이도 신칸센 차량과
그 색깔에 영향을 준 담뱃갑

때와 같이 격렬하게 대립하던 회의 시간, 회의실 책상 위에는
흰색과 파란색의 hi-lite 담뱃갑이 놓여 있었다. 긴 논쟁이 이
어지던 가운데 무심코 담뱃갑을 본 이케다 데쓰히로池田鉄洋라

는 직원이 무슨 생각에서인지 이를 나란히 세워 신칸센 차량이 달리는 모습을 연출했다. 그러자 회의 참석자들은 환호성을 질렀다. 파란색을 주장하던 이들이 생각하던 이미지가 훌륭하게 구현됐기 때문이었다. 이후 이어진 회의에서는 모든 구성원이 흰색 바탕에 파란색 선을 칠한 디자인으로 의견을 모았고, 그 결과 현재와 같은 흰색과 파란색의 차량이 등장했다.

불가능에 도전한다, 7분 안에 신칸센 청소하기!

오사카, 후쿠오카, 가나자와, 나고야, 센다이 등 일본 전역을 잇는 신칸센의 출발역이자 종착역인 도쿄역에서는 1일 600편 이상의 차량이 발착한다.

그리고 각 승강장에서 열차의 도착을 알리는 방송이 울리면 형형색색의 작업복에 큰 가방을 멘 직원들이 나타나 승강장에 줄을 선다. 이윽고 열차가 도착하면 이들은 하차하는 승객들에게 고개를 숙여 인사한 다음 쓰레기를 건네받는다. 그러고 나서 좌우로 고개를 돌려 안전을 확인한 후 객실에 들어가 청

7분 안에 열차 청소를 마치기 위해
승강장에서 준비하고 있는 청소 담당 직원들

소를 시작한다. 이때 이들에게 주어진 시간은 단 7분이다.

왜 7분일까? 이는 도쿄역에 드나드는 모든 신칸센 차량의
정비 시간이 12분에 불과하기 때문이다. 따라서 승객의 승
하차 시간 5분을 빼고 7분 안에 모든 객실과 통로, 화장실 청
소를 끝내야 한다. 하지만 16칸짜리 차량의 경우 좌석 수만
1,328개에 이르기 때문에 제시간에 청소를 완료하는 건 보통
일이 아니다.

때문에 신칸센의 청소를 담당하는 회사 측에서는 특별한 빗
자루를 개발했다. '마법의 빗자루'라고 불리는 이 청소 도구는

빗자루 앞부분에 시트가 젖었는지를 감지하는 센서를 장착했다. 사람이 일일이 허리를 숙이고 좌석 구석구석을 손으로 만지면서 시트가 젖어 있는지를 확인해야 했던 예전과 달리, 새 빗자루는 빗질만

마법의 빗자루. 사진 속 빨간색 램프가 시트가 젖었는지를 알려준다.

으로 좌석 상태를 확인할 수 있게 해 직원들의 부담을 줄였다. 또한 2020년 7월에 데뷔한 도카이도 산요山陽 신칸센 신형 차량 N700S에는 아예 수분 감지 시트가 장착돼 있다. 좌석이 젖으면 시트 색이 변하는 최신식 기술을 도입해 청소 직원들의 부담을 한층 줄인 것이다.

나아가 아르바이트 직원도 일정 기간을 거치면 정직원이 되는 '고용 안정'과 상여금 등 여러 포상을 도입, 직원들이 책임의식을 갖고 청소할 수 있는 환경을 조성했다. 그 덕에 직원들은 '일본의 오모테나시おもてなし 정신을 알리는 일'이라는 자긍심을 갖고 자신의 임무에 충실하고 있다.

330엔으로 탑승 가능한 신칸센 구간?

나고야역에서 도쿄역까지 366킬로미터를 달리는 신칸센 노조미 요금은 자유석 기준 10,560엔이다. 이는 서울역과 부산역 411킬로미터 구간을 잇는 KTX 일반석 요금 59,800원(2023년)보다 비싼 가격이다. 이 밖에도 후쿠오카 하카타역에서 도쿄역까지 1,069킬로미터를 시속 224.28킬로미터의 속도로 4시간 48분에 주파하는 신칸센 노조미 자유석은 22,220엔, 총 길이가 36.9킬로미터에 그치는 신고베-신오사카 구간 자유석 요금도 1,530엔(2023년 4월 1일부로 운임 인상)을 받는 등 대체적으로 비싼 요금 체계를 갖추고 있다. 이로 인해 신칸센은 일본인들에게도 이용하기에 부담스러운 교통수단으로 다가온다(외국인은 JR패스를 이용해 일본 국내에서 열차표를 구입하는 것보다 훨씬 저렴하게 신칸센을 이용할 수 있다).

그런데, 이렇게 비싼 이미지가 있는 신칸센을 단돈 330엔에 이용할 수 있는 구간이 있으니, 바로 후쿠오카 하카타역에서 하카타미나미역을 잇는 8.5킬로미터 구간이다. JR 신칸센 운행 지침에 따라 도쿄와 오사카 등 동쪽에서 출발한 신칸센 차량의 종점이 하카타일 경우, 이들 차량은 운행 종료와 함께 열차 차고지가 있는 하카타미나미로 향한다. 그런데 이를 두고 몇몇 주민이 "그냥 차고지에 갈 바에는 고객을 태우는 게 낫지 않느냐."라는 의견을 내놓았고, 이를 받아들인 JR 측이 운행을 개시하며 330엔 구간 신칸센이 탄생했다.

지역 주민들이 탑승객의 상당수를 차지하는 가운데 '330엔에 신칸센을 탈 수 있다.'는 것에 호기심을 가진 철도 오타쿠들과 관광객들의 발길도 끊이질 않는다. 다만, 하카타미나미역 주변이 전형적인 교외이다 보니 즐길 거리가 적다. 따라서 지역 주민이 아닌 이상 역에 도착한 다음 다시 하카타로 돌아가는 신칸센을 타기까지 대기하는 것으로 만족해야 한다는 단점이 있다. 그러나 '330엔짜리 신칸센을 타봤다.'는 데 의의를 두는 이들은 이런 한계도 겸허하게 받아들인다.

일본 택시가
자동문인 이유

검은색에 각진 외관, 자동문을 장착한 일본 택시는 일본 하면 떠오르는 이미지 중 하나다. 특히, 승객이 타고 내릴 때 저절로 열리고 닫히는 자동문은 일본에 방문한 외국인 여행자들의 입을 딱 벌어지게 한다.

이렇듯 일본의 상징으로 우뚝 선 택시는, 1912년 미국에서 들여온 포드자동차 6대로 영업을 시작한 도쿄의 '택시자동차주식회사タクシー自働車株式会社'가 시초다. 당시 택시 요금은 출발부터 1.6킬로미터까지 60전, 이후 800미터마다 10전씩 추가되는 방식으로 책정되었다. 이는 당시 소비자물가(1912년 기준 쌀 10킬로그램이 1엔 40전)를 감안하면 터무니없이 비싼 요금이었다.

이로 인해 택시는 상당 시간 부유층만 찾는 한정적인 교통수단에 그쳤다.

한편, 이 시기의 승객 상당수는 기모노를 입은 여성들이었다. 그런데 이들이 택시 문을 여닫을 때마다 기모노 자락이 문에 걸리는 바람에 어려움을 겪었다. 이를 해결하고자 택시 회사들은 승객의 승하차를 돕고 요금 받는 일을 담당하는 조수를 고용했다. 이들이 기사 옆에 앉아 업무를 봤기에, 이들이 앉은 기사 옆 좌석을 조수석助手席이라 부르게 되었다. 물론 이렇게 조수를 둔 건 어느 정도 벌이가 괜찮은 사업장에 국한된 사례로, 대다수 택시는 기사 홀로 운전과 손님의 승하차를 책임져야 했다.

이를 지켜본 오카다 미노루岡田実(오늘날 일본 택시 자동문 공급의 90퍼센트를 담당하는 도신테크주식회사의 창업자)라는 사업가는 발명가인 마루야마 고쿠덴丸山国伝과 협력해 엔진 내 부압을 이용한 자동문을 개발했는데, 이때가 1958년이었다. 그리고 이듬해인 1959년에는 도신테크의 전신인 도신에어도어東進エアードア를 설립해 자동문 판매에 박차를 가했다.

하지만 오카다의 기대와 달리, 대다수 택시 회사 관계자들은 자동문을 사치라 여겼기 때문에 출시 초창기에는 판매에

구형 택시 자동문 레버.
변속기 뒤에 있는 빨간색 손잡이를 조작해 문을 열거나 닫는다.

어려움을 겪었다. 그런데 1964년 도쿄 올림픽을 앞두고 상황이 급변했다. 아시아 하면 경제적으로 낙후된 지역이라는 이미지가 지배적이던 시기, 일본은 전 세계에 자국의 발전한 모습을 보여주고 싶어했다. 이를 위해 일본만이 가진 독특한 사회 현상을 찾는 데 주력했다. 저절로 여닫히는 자동문은 일본이 강조하는 오모테나시おもてなし(최고의 환대, 진심으로 손님을 접대한다는 의미) 정신에 부합하는 한편, 안전사고 예방에도 효과를 보인다는 점에서 주목받았다. 특히 우측통행에 익숙한 외국인

여행자들이 택시에서 내릴 때 무의식적으로 오른쪽 문을 열어 사고가 발생하는 것을 미연에 방지할 수 있다는 점에서 높은 점수를 받았다.

그리하여 일본 정부는 전국 택시 회사에 자동문 설치를 권장했고, 이에 하나둘 자동문을 장착한 택시가 늘어났다. 그리고 50여 년이 흐른 오늘날, 택시 자동문은 신칸센과 더불어 일본 사회를 상징하는 존재로 자리매김했다.

어째서 일본 택시들은 디자인이 한결같을까

차종이 제각각이라 모양도 다양한 한국 택시와 달리, 일본 택시의 차량은 1990년대에 출시된 각진 '세단형 스타일'로 거의 통일돼 있었다. 도요타자동차가 생산한 크라운 컴포트クラウンコンフォート와 닛산자동차에서 출시한 크루クルー, 세드릭セドリック 등 일본 거리를 수놓은 세단형 택시 대부분은 출시 당시 형태를 유지하고 있다.

그러나 30년 가까이 차체 변경을 하지 않은 탓에 "차내가

2017년에 출시된 재팬 택시.
각진 세단형을 버린 차세대 택시로 인기를 끌고 있다.

너무 좁다" "승차감이 나쁘다" "승하차 시 허리를 숙여야 해서
불편하다" 같은 불만사항이 끊이질 않는다. 이런 상황임에도
차체 변경에 인색했던 이유는 자동차 회사와 택시 회사의 이
해관계가 맞물려 있기 때문이었다.

먼저 자동차 회사 입장에서 보면, 택시용으로 같은 차종만
생산함에 따라 신차 개발 비용 및 생산 단가 절감이 가능했다.
또한 택시 업계에서는 같은 차종만 구입해 운행함으로써 차량

구입비를 절약할 수 있었고 차체 정비와 부품 수급도 용이했다. 양측 모두 굳이 차를 개량하거나 새로운 차를 내놓을 필요를 느끼지 못한 것이다.

그런데 몇 해 전 변화가 생겼다. 2017년, 도요타자동차가 크라운 컴포트 모델의 단종을 발표하는 동시에 차세대 택시인 '재팬 택시Japan Taxi'의 대중화를 공표한 것이다.

2020년 도쿄 올림픽 개최에 발맞춰 출시한 재팬 택시는 출시 전부터 '뛰어난 성능'으로 화제를 모았다. 기존의 컴포트 차량보다 1.5배 이상 우수한 연비(19.4킬로미터)를 기록한 것을 비롯해, 구형 택시에는 없던 사고 방지 시스템 장착, 승차감 개선과 실내 공간 확보, 전자 자동문 채택, 휠체어를 타는 장애인도 탑승 가능한 기능성까지 갖춤으로써 360만 엔(옵션에 따라 달라짐)이라는 비싼 가격에도 높은 판매량을 기록하고 있다. 출시 1년 만에 8,282대가 판매된 재팬 택시는 출시 7년 차인 2023년에도 매달 600~700대씩 팔리며 서서히 점유율을 높이고 있다.

다만 이런저런 옵션을 추가하면 400만 엔을 훌쩍 넘어버리는 가격 탓에 주머니 사정이 안 좋은 개인택시 업자와 소규모 회사들은 구형 차종을 부품만 바꾸거나 수리하는 형태로 계속 탄다. 단, 불가피하게 차를 사야 하는 상황이 닥치면 비싼 재팬 택시보다는 저렴한 소형차나 박스형 경차를 택시로 개조해 운행하는 경우도 적지 않다.

오사카 택시는 검은색, 도쿄 택시는 알록달록?

도쿄 시내에는 검은색과 흰색은 물론, 무지개를 연상시킬 만큼 다양한 색(심지어 핑크색도 있다)의 택시가 존재한다. 반면, 일본 2대 도시인 오사카를 달리는 택시들은 검은색상의 비율이 높다. 이런 차이는 두 지역의 택시 관련 법이 상이한 데서 발생했다.

　2020년 일본 국토교통성이 발표한 자료에 따르면, 도쿄도에는 약 4만 7,000대의 영업 택시와 별개로 4,000대가량의 전세 택시 하이야ハイヤー(영어 hire의 일본식 표기)가 등록되어 있다. 도쿄도에서는 일반 영업용 택시와 전세 택시의 역할이 뚜렷하게 구분되며, 그에 따른 규정도 복잡하다. 이들 전세 택시는 기업에서 거래처 손님을 모실 때, 또는 결혼식이나 장례식과 같은 행사 때 자주 쓰인다. 때문에 이들 차량은 고급스러운 이미지

알록달록한 도쿄 택시(위)와
단조로운 색의 오사카 택시(아래)

가 강한 검은색을 쓴 것이 일반적이다.

반면, 오사카부에는 약 1만 9,000대의 영업 택시가 존재하지만 전세 택시 수는 많지 않다. 전세 택시 허가를 받아야만 전용 표시등과 스티커를 붙일 수 있는 도쿄와 달리, 오사카는 상황에 맞춰 자유롭게 전세 택시 표시등과 스티커를 탈부착할 수 있어 영업 택시도 언제든 전세 택시로 활용할 수 있다. 이 때문에 오사카 지역에서는 영업용 택시도 언제든 전세 택시로 이용할 수 있도록 택시 색상을 검게 유지하는 것이다. 그러나 이는 단지 비율로 봤을 때 오사카 지역에 검은 택시가 많다는 것으로, 이들 지역에도 다양한 색상의 택시가 존재한다.

아울러, 도쿄 내에 소재한 택시 회사들이 각자 소속된 조직에 따라 차 색상을 통일한 것도 도쿄 택시의 색상 다양화에 한 몫했다. 가령, 오다큐小田急와 교타마京王와 같은 전철電鉄 주식회사 산하에 속한 택시 회사들은 전철과 택시 색상을 통일해 영업하고 있다. 그 덕에, 만에 하나 택시에 물건을 놓고 내려도 택시 색상만 기억하면 쉽게 분실물을 찾을 수 있다.

자동문의 원리

택시의 뒷좌석 문은 어떻게 자동으로 여닫히는 걸까? 차량에 따라 다르지만, 기본적으로 택시 운전석 옆에는 수동 기어같이 생긴 손잡이가 있고, 이를 젖히면 레버에 연결된 금속봉이 조수석을 거쳐 손님이 타는 뒷문을 움직여 문을 여닫는다. 다만 이는 구형 택시에 국한된 이야기로, 최근 출시되는 차량은 전자 장치로 제어돼 버튼 하나로 문이 열리고 닫힌다.

못생긴 경차들이
판매 순위 상위권을 휩쓴 사연

길이 3,400밀리미터, 너비 1,480밀리미터, 높이 2,000밀리미터,
정원 4명, 배기량 660cc 이하, 화물 적재량 350킬로그램 , 최고
속도 140킬로미터 이하

2021년, 일본 국토교통성이 집계한 자료에 따르면 일본 내 등
록 차량 7,841만 대 중 39.3퍼센트인 3,081만 대가 위 기준에
부합하는 경차인 것으로 나타났다. 가히 '경차의 천국'이라 할
만한 결과다.

물론 판매 대수도 많다. 일본자동차판매협회연합회日本自動車
販売協会連合会가 발표한 '2022년 신차 판매 대수'에 의하면, 그

해 판매된 신차 420만 1,321대 중 163만 8,137대가 경차인 것으로 드러났다. 이를 두고 '아기자기한 걸 좋아하는 일본 사람들의 성향이 자동차 구입에도 반영되었네.'라고 생각할 수 있겠으나 이런 인기 뒤에는 오늘날 일본 사회가 안고 있는 여러 사회 현상이 숨어 있다.

차를 갖고만 있어도
나가는 돈

한국도 한국이지만, 일본에서는 차 한 대 굴리는 데 엄청난 비용이 든다. 차량 구매 비용은 차치하고, 자동차세, 보험료, 유류비, 통행료, 수리비, 부품 교환비 등 숨만 쉬어도 나가는 돈이 적지 않다. 특히 차량 구입 시 '주차 공간이 있음'을 증명하는 차고지 증명서 제출이 필수인 탓에(이를 '차고지 증명제'라고 한다), 월 주차 비용만으로 많은 금액을 지출하게 된다.

실례로, 일본 10대 도시인 히로시마 시내 중심가의 장기 주차장 월 요금은 2만 엔에서 3만 엔에 달하며, 시내 외곽 주택가에 있는 주차장도 1만 엔에서 1만 5,000엔을 받는다. 히로시마보

	연간 차량 유지비		
유지비 항목	경자동차(660cc)	소형차(1,500cc)	대형차(2,500cc)
자동차세	10,800엔	30,500엔	43,500엔
자동차 중량세	12,300엔	16,400엔	16,400엔
손해 보상 책임 보험	12,422엔	12,806엔	12,806엔
자동차 임의 보험	80,000엔	85,000엔	90,000엔
차량 점검 비용[*]	25,019엔	25,343엔	25,470엔
부품 교체 및 차량 정비	15,000엔	18,000엔	20,000엔
유류비[**]	90,000엔	110,000엔	130,000엔
주차비[***]	185,424엔	185,424엔	185,424엔
유지비 항목 합계	430,965엔	484,473엔	523,600엔
월 유지비	35,913엔	40,372엔	43,633엔

다 훨씬 많은 사람이 사는 도쿄나 오사카에는 부도심이라 해도 월 주차비로 3만 5,000엔에서 4만 엔을 받는 곳이 수두룩하다.

위 표는 일본에서 자동차 유지에 들어가는 연 평균 비용을

* 법정 비용.
** 주행거리 10,000킬로미터 기준. 이때 유류비는 리터당 140엔. 연비는 경차가 15리터, 소형차는 12리터, 대형차는 10리터로 잡음.
*** 일본 10대 도시인 히로시마의 월 평균 주차료 기준.

나타낸 것으로, 자세히 들여다보면 경자동차에 비해 소형 자동차 유지비는 연간 53,508엔이 더 든다. 경차는 보다 저렴하게 요금을 받는 월정액 주차장이 존재하는 한편 연비도 좋기 때문에, 실제로는 더 많은 차이가 발생한다.

또한 현청(한국의 도청 격) 소재지가 아닌 동시에 인구 10만 명 이하이며 도쿄와 오사카에서 30킬로미터 이상 떨어진 지역 주민이 경차를 구입하면 차고지 증명서 제출이 면제*되기 때문에, 작은 행정 단위에 거주할수록 주차 비용이 싸게 든다.

아울러 고속도로를 이용할 때에도 큰 폭의 할인을 받을 수 있는 점도 경차의 인기를 지탱하는 요소다. 가령, 히로시마에서 오사카를 잇는 고속도로 322.1킬로미터를 일반 차량으로 달릴 경우에는 이용료로 8,350엔을 내야 하지만, 경차를 타면 6,750엔으로 1,600엔이나 저렴해진다. 게다가 10~20킬로미터를 오가는 일반 차량 연비와 달리, 스즈키자동차의 짐니 같은 일부 차량을 제외하면 경차는 평균 연비가 20~30킬로미터를 기록하기 때문에 유류비에서도 큰 이점을 누린다. 이와 같은 각종 유지비를 고려해 경차를 구입하게 되는 것이다.

* 경차는 기본적으로 차고지 증명서가 면제되나, 위에 언급한 세 가지 조건에 해당하지 않는 지역의 주민은 경찰서에 차량 보관 장소를 신고해야 한다.

세계 최초의 SUV 경차인
스즈키의 짐니

너무 비싸진
차 값

한때 미국 턱밑까지 추격했던 일본 경제는 1990년대 초에 발생한 버블 붕괴로 깊은 침체에 빠졌다. 부동산 폭락과 함께 경제 성장이 멈추자 디플레이션이 발생했고, 노동자 임금도 정체했다. 2020년, 일본 국세청이 발표한 '민간 급여 실태 조사 통계'에 따른 일본 노동자 평균 연봉은 433만 1,000엔으로, 버블 경제 붕괴로 불황을 겪던 1994년의 455만 엔을 밑돌았다. 반면, 1994년 34.9퍼센트였던 조세 부담률은 저출산·고령화 문제가 심화한 2022년에는 46.5퍼센트까지 상승했고, 동시에 청년층은 300만 엔에서 400만 엔을 웃도는 학자금 상환에 허덕이며 경제적인 어려움을 겪고 있다.

그런 가운데, 지난 20년간 자동차 가격은 큰 폭으로 상승했다. 2020년 일본 통계청이 발표한 '소비자물가지수 추이'에 따르면, 2009년에서 2019년 사이 소비자물가지수가 4.6퍼센트 상승한 데 비해 자동차 가격 상승률은 이를 상회했다(코로나19 이후 물가가 큰 폭으로 오르기 전, 일반적인 상황을 나타내고자 2019년까지의 자료를 사용했다).

가령, 일본의 국민 세단인 도요타 크라운의 경우 2009년 모델이 458만 엔이었던 데 비해 2019년 모델은 494만 1,000엔으로 10년 사이 8퍼센트가량 가격이 올랐다. 인기 SUV 차량인 닛산 엑스트레일 또한 2009년 222만 7,050엔이었던 가격이 2019년에는 243만 7,560엔으로 9퍼센트가량 올랐으며, 2009년 216만 3,000엔에서 2019년 244만 800엔으로 13퍼센트가량 가격이 뛴 일본의 국민 아빠차 닛산 세레나, 10년 동안 121만 8,000엔에서 146만 3,400엔으로 20퍼센트나 오른 박스형 경차 탄토 등 많은 차량의 가격 상승 폭이 소비자물가지수를 상회했다. 이에 부담을 느낀 소비자들은 (값이 오르긴 마찬가지지만) 그래도 저렴한 편인 경차로 눈을 돌릴 수밖에 없게 되었다.

좁은 도로 폭에 걸맞은 작은 차

렌터카로 일본 도로를 달려본 사람들은 시내 곳곳에 일방통행로가 다수 존재하는 것과 좁은 도로 폭 때문에 식은땀을 흘린 경험이 있을 것이다. 실제로 일본의 도로 폭은 굉장히 좁다. 2020년 일본 국토교통성 발표 자료에 따르면, 일본 전역에 깔린 도로의 84.7퍼센트는 그 폭이 3.9미터에 불과한 것으로 드러났다. 이는 일본 정부 규격을 따른 소형 차량(너비 1.7미터) 두 대가 아슬아슬하게 통과하는 폭으로, 교통사고를 유발하는 주된 요인이 되고 있다. 이런 이유 때문에도 일본 사람들은 덩치가 작은 경차를 선호한다.

이에 발맞춰 자동차 메이커들도 차량 바퀴 회전반경이 작아 좁은 골목길에서도 쉽게 다룰 수 있는 경차 개발에 주력하며, 차량 홍보 전단지 전면에 '차량의 회전반경이 작다는 것'을 크게 적어두기도 한다.

회전반경이 작은 것을 내세우는
자동차 광고

부족한 대중교통과
저렴한 경차

2022년 6월, 일반사단법인 일본자동차공업회 경자동차위원회가 발간한 자료집 〈알면 알수록 좋은 경자동차知れば知るほど良いね軽自動車〉에 따르면, 낙후된 지역들의 '세대별 경차 보급 대수' 비율이 높은 것으로 드러났다. 실제로 경차 보급 상위 10위에 오른 지역들은 경제적, 산업적으로 크게 낙후되어 노령 인구가 많고 교통 인프라가 부족한 탓에 대중교통 이용률이 10퍼센트도 안 된다는 공통점을 지녔다.

반면, 도쿄도와 가나가와현, 지바현과 사이타마현 같은 수도권 지역과 오사카부, 후쿠오카현, 아이치현 등 경제활동인구가 많고 교통 인프라가 잘 구축된 지역은 경차 보급 대수 비율이 낮았다.

이와 같은 경향은 2021년 일본경자동차협회연합회가 발표한 '경차 소유 비율 지역 랭킹 조사'(2020년 3월 조사)에서도 드러난다. 조사에서는 1위 고치현(55.4퍼센트)부터 15위 오카야마현(48.2퍼센트)까지 서일본 지역에 속한 현이 상위권을 차지했는데, 이들 지역은 앞서 언급한 대로 경제적으로 낙후한 한편 농어

		2022년 세대별 경차 보급 대수		
	보급 대수 상위 10개 지역	100세대당 보급 대수(단위: 대)	보급 대수 하위 10개 지역	100세대당 보급 대수(단위: 대)
1	나가노	103.38	1 도쿄	12.01
2	돗토리	102.17	2 가나가와	23.35
3	사가	102.62	3 오사카	27.87
4	시마네	100.97	4 사이타마	41.53
5	야마가타	99.44	5 지바	41.68
6	후쿠이	99.38	6 홋카이도	42.94
7	야마나시	95.01	7 교토	43.38
8	니가타	92.74	8 효고	43.68
9	오키나와	92.13	9 아이치	51.63
10	미야자키	90.54	10 후쿠오카	55.96
평균		96.85	평균	33.73

출처: 「知れば知るほど良いね 軽自動車」
일반사단법인 일본자동차공업회 경자동차위원회(2022)

촌이 많다는 공통점을 갖는다.[*]

특히 이들 지역에서는 급속한 노령화로 인구가 감소하며 사회 인프라가 정체되는 과정에서 대중교통의 배차 간격 또한

---

[*] 동일본 지역도 서일본 못지않게 낙후한 지역이 많으나, 적설량이 많아서 경차보다는 덩치 있는 차를 선호한다.

2020년 경차 등록 비율 상위 지역

순위	지역(현)	경차 등록 비율(%)
1	고치	55.4
2	나가사키	55.1
3	오키나와	54.2
4	와카야마	54.1
5	시마네	53.1
6	가고시마	52.7
7	돗토리	52.6
8	에히메	52.1
9	미야자키	52.0
10	사가	51.1
11	도쿠시마	49.4
12	오이타	49.1
13	가가와	49.0
14	구마모토	48.6
15	오카야마	48.2

출처: 전체 등록 차량 대비 경차 소유 비율 조사(2020),
일본경자동차협회연합회

커진 상황이다. 이로 인해 해당 지역 주민들은 자동차 없이는
생활이 안 되는 처지에 놓였다. 하지만 거주민 중 상당수를 차
지하는 고령층은 낮은 소득으로 인해 상대적으로 구입비와 유

지비가 저렴한 경차를 이용할 수밖에 없다.

목조 주택 때문에
경차 탄다?

동시에 목조 주택을 선호하는 사회적 풍조도 경차의 인기에 한몫했다. 잦은 지진으로 인해 일본인은 지진에 취약한 철근 콘크리트 공동주택보다 목조 단독주택을 선호한다. 하지만 도시 중심부 땅값이 비싼 탓에 많은 사람들이 비교적 저렴한 교외에 집을 지어 생활하는데, 이때 은행으로부터 빌린 주택 대출금 상환에 허덕이느라 다들 주머니 사정이 좋지 않다. 이 말인즉, 교통이 불편한 교외 특성상 차량이 필요하지만 큰 차를 구입할 여력은 부족하다는 의미다. 따라서 이들은 이동 유지비가 싼 경차를 구입하는 것으로 불편함을 해소한다.

이렇듯 경차의 인기가 지속되는 배경에는 여러 사회적 현상이 맞물려 있다. 다만, 이런 인기(경차의 인기라기보다는 경차를 선호하게 만드는 사회적 조건)가 일본 경차의 경쟁력을 저하한다는 비판의 목소리도 적지 않다.

실제로 엄격한 규제가 낳은 작은 차체, 낮은 배기량과 출력으로 인해 일본 내 경차 시장에 외국 브랜드가 진출하는 것을 막는 데는 성공했으나, 동시에 해외 시장에서 일본 경차가 외면받는 결과를 낳았다. 이는 저출산·고령화로 인구 감소가 현실화된 일본 사회에는 적신호다. 도요타와 혼다 등 글로벌 자동차 제조업체는 차치하더라도, 경차 위주로 생산하는 동시에 내수 시장 판매에 크게 의존하는 스즈키와 다이하쓰 등의 업체는 인구 감소로 말미암은 내수 시장 축소로 인한 매출 감소를 타개하기 위해 '적극적인 해외 진출'을 모색해야 하는데, 각종 규제가 차량 성능 향상의 발목을 잡으니 난감한 상황에 놓여 있다.

판매량 상위권 경차가
하나같이 못생긴 이유

경차가 오랫동안 높은 인기를 구가함에 따라, 자동차 제조사들은 실용성을 추구하는 소비자의 눈높이에 맞추고자 노력해왔다. 이들은 차량에 여러 안전 기능을 탑재하는 한편, 패밀리

일본 도로를 수놓은
박스형 경차

카로 활용 가능할 정도의 넓은 실내 공간 확보에 주력했다.

　　하지만 엄격한 규제로 인해 가뜩이나 작은 차체에 엔진룸을
싣고 넓은 실내 공간까지 확보하는 게 쉽지 않았다. 여러 궁리
끝에 제조사들은 보닛 길이를 줄이고, 허용된 범위까지 실내
공간을 넓혀 차 모양을 사각형에 가깝게 만드는 자구책을 마

련했다. 나아가 엔진룸 근처로 연료 탱크를 옮김으로써 차체 크기도 한계까지 키웠다. 이렇게 탄생한 것이 박스형 경차다.

이들 박스카는 넓은 실내와 안정된 성능에 힘입어 높은 판매고를 기록하고 있다. 2021년, 일본 경차 판매 순위 1, 2, 3위를 휩쓴 차량은 혼다의 N-BOX와 스즈키의 스페시아, 다이하쓰의 탄토인데, 모두 박스형 경차다. 다만, 제한된 규격에서 넓은 실내 공간을 확보하려 한 결과 우유곽같이 괴상한 모습을 갖추게 돼 외국인 여행객들에게는 낯설게 비쳐지기도 한다.

그럼에도 불구하고 일본 국내에서는 뛰어난 연비와 실용성, 내부 공간을 갖춘 패밀리카라는 평가와 함께 높은 판매고를 기록하고 있다. 물론 지금까지 언급한 박스형 경차 말고도 스즈키자동차의 허슬러와 짐니, 다이하쓰의 타프트처럼 예쁜 디자인과 높은 성능을 가진 경차도 많다. 하지만 이들의 인기와 수요는 앞서 언급한 박스형 경차에 한참 미치지 못하는 실정으로, 앞으로도 오랜 시간 박스형 경차의 인기가 이어질 것으로 보인다.

뒤로 타고 앞으로 내리는 일본 시내버스

일본 최초의 시내버스는 도쿄가 아니라 교토에서 운행을 시작했다. 1903년 9월 20일 니이상회二井商会가 일본 최초로 버스 운행을 개시한 것인데, 교토의 호리카와나카타치우리堀川中立売와 시치조역七条駅, 호리카와나카타치우리와 기온祇園을 잇는 노선을 시작으로, 다른 지역에도 하나둘 버스가 등장했다. 하지만 버스가 일본인의 일상에 녹아들기까지의 과정은 그리 순탄치 않았다.

그런 사정을 잘 보여주는 도시가 히로시마다. 1904년, 히로시마에 살던 스기모토 이와키치杉本岩吉와 세가와 데이키치瀬川貞吉는 버스 사업을 하기로 결정하고 승합버스를 도입했다. 모

일본 최초의 승합버스 가요코 버스가 2015년 복원돼
히로시마 버스 마쓰리를 위해 운행되었다.

터 말고는 모든 부품을 일본에서 생산한 이 차량은 가베可部와
요코가와橫川 구간을 오간다 해서 가요코 버스可橫バス라 불렸
다. 그런데 운행 개시를 앞두고 시범 주행을 하던 중에 바퀴가
터지면서 새 바퀴를 들여오기까지 운행이 연기된 한편, 시끄
러운 엔진 소리로 인해 마차를 끄는 마부들로부터 많은 항의
를 받았다.

우여곡절 끝에 가요코 버스는 1905년 2월 5일이 되어서야 겨우 영업을 개시할 수 있었다. 그러나 마차와 인력거에 비해 턱없이 비싼 요금(가베 - 요코가와 15킬로미터 구간 요금이 24전. 인력거는 12전)과 잦은 차량 고장으로 인해 9개월 만에 운행을 중지하며 역사의 뒤안길로 사라졌다. 이런 상황은 다른 지역에서도 마찬가지여서, 좀처럼 버스가 사회에 뿌리내리지 못했다.

그런데 1923년, 간토 대지진으로 인해 서민들의 교통수단으로 널리 활용되던 노면전차 철로가 상당수 파괴되었다. 이후 도쿄를 비롯한 간토 지역에서 노면전차를 대체할 교통수단으로 버스를 적극 도입하기 시작했고, 이를 계기로 오사카와 후쿠오카 등 다른 지역의 대도시에서도 버스 운행 대수를 늘리게 되었다. 그 결과, 버스는 1950년부터는 철도와 함께 일본을 대표하는 대중교통 수단으로 자리매김했다.

원맨 버스와 뒤로 타고 앞으로 내리는 버스 시스템의 보급

1950년대까지, 일본 시내버스는 운전수와 차장이 한 팀을 이

히로시마현 구레뵛시가 관리하는 레트로 본네트(보닛) 버스.
마쓰리를 비롯한 각종 행사 때 특별 운행된다.

뤄 운행했다. 운전수가 운전을 하면, 차장은 승객이 내릴 때
승차권과 요금을 걷는 한편 승객의 안전을 확인했다. 그런데
1951년, 오사카교통국이 버스 앞뒤에 2개의 문을 낸 보닛 버
스를 도입한 후 운전수 홀로 운행케 하는 '원맨 버스 방식'을
채택했다. 동시에, 승객들의 혼선을 막기 위해 탑승 시 거리에
상관없이 균일 요금을 내도록 했다.

그 결과 버스 회사는 인건비를 절감할 수 있게 되었고, 이를 본 다른 지역의 버스 회사들도 하나둘 원맨 버스 방식을 채택하면서 단거리 노선을 중심으로 원맨 버스와 선불 균일 요금제가 확산되었다. 그런 가운데 타 지역 버스 회사에 비해 긴 구간을 운행(현재도 면허 거리가 2,213킬로미터에 이른다)하던 가나가와중앙교통神奈川中央交通이 '균일 요금 방식'이 회사에 맞지 않다고 판단, 구간별 요금 방식을 채택한 후 일본 최초로 정리권 시스템을 도입했다. 이에 승객들은 승차할 때 정리권을 뽑고 하차할 때 정리권과 운임(요금)을 함께 넣었다. 2년 후 이 방식은 도쿄에도 소개되었으나, 운행 거리가 짧은 반면 이용객이 많아 승하차에 많은 시간을 요하는 노선에는 맞지 않았다. 따라서 도쿄 23구 노선을 운행하는 버스 회사 중 많은 수가 '후불제' 대신 '균일 요금제'로 요금을 받는다.

지역에 따라 다른
탑승 방법

오늘날 일본에는 다섯 가지 버스 탑승 방식이 있다.

패턴 ① 앞문 승차 뒷문 하차, 균일 요금, 선불제

패턴 ② 뒷문 승차 앞문 하차, 구간 요금, 후불제

패턴 ③ 뒷문 승차 앞문 하차, 균일 요금, 후불제

패턴 ④ 앞문 승차 뒷문 하차, 구간 요금, 신고 선불제

패턴 ⑤ 앞문 승차 앞문 하차, 구간 요금, 후불제

이렇듯 탑승 및 요금 지불 방법이 다양한 이유는 버스 사업체의 이해관계가 달랐기 때문이다.

가령, 인구 밀도가 높은 대도시(도쿄 23구를 비롯해 나고야, 오사카의 몇몇 구간 버스)의 경우 노선 거리가 짧은 반면 버스 한 대당 수용해야 하는 인원이 많은 탓에 배차 시간 등을 고려해 균일 요금제를 택했고(일부 제외), 노선 거리가 긴 데 비해 수용 인원이 적은 지방 버스들은 구간에 따라 요금을 달리하는 구간 요금제를 채택한 것이 일반적이다. 다만, 지방 중에서도 100엔 버스와 같이 균일 요금제를 실시하는 곳이 적지 않다.

그런데 문제는 지역마다 버스 승하차 방법 및 요금 제도가 상이한 탓에 수도권에 사는 사람들이 지방에 갔을 때 구간에 따라 요금이 달라지는 한편, 내릴 때 요금을 내는 버스 탑승 방식에 어려움을 겪는다는 점이다. 때문에 각 버스 내 게시판과

뒤로 타서 앞으로 내리는
노선버스 쉽게 타기

1) 버스에 탑승한다.

2) 버스 뒷문 바로 옆에 마련된
   정리권 발급기(①)에서 정리
   권(②)을 뽑는다.

3) 기계에서 발급받은 번호에
   주목하자. 만약 종이에 1이
   적혀 있다면

4) 버스 앞 전광판(③)의 숫자 1
   아래에 찍힌 요금을 지속적

① 정리권 발급기

   으로 확인하자. 구간에 따라 요금이 올라간다.

5) 잔돈이 없을 경우, (버스 안이 한적하다는 전제하에) 신호 대기 시 앞
   문으로 가서 지폐를 동전으로 교환하자. 이때는 버스 기사에게
   "교환 부탁드립니다(료우가에 오네가이시마스両替お願いします)."라
   말하면 된다. (2,000엔, 5,000엔, 10,000엔짜리 지폐는 교환 불가)

6) 하차 시, 전광판에 찍힌 금액을 준비한 후 運賃(운임)이라 적힌
   요금통(④)에 정리권과 요금을 넣는다.

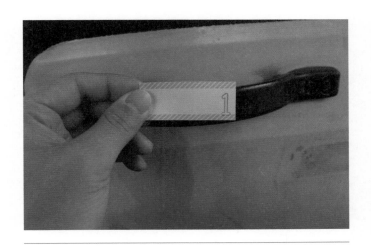

② 시내버스 정리권
③ 시내버스 운임 화면(전광판)

7) 전광판에 찍힌 금액만큼
정확히 동전이 준비되어
있다면 문제없지만 만약
지폐밖에 없을 경우에는
앞서 언급한 대로 기사에
게 "교환 부탁드립니다両
替お願いします."라 말한 후
지폐 투입구에 1,000엔짜
리를 넣는다. 500엔 이하
로 요금이 나왔는데 500

④ 요금통

엔짜리 동전이 있을 경우에는 동전 투입구(파란색 '両替' 글자 위 동
전 투입구)에 500엔짜리를 넣는다.

8) 1.000엔짜리 지폐를 넣었다면 아래의 거스름돈 반환구로 500
엔짜리 하나, 100엔짜리 4개, 50엔짜리 하나, 10엔짜리 5개가
나올 테고, 500엔짜리를 넣었다면 100엔짜리 4개와 50엔짜
리 하나, 10엔짜리 다섯 개가 나올 텐데, 이땐 '아, 빨리 돈 계산
해서 빨리 내야 해!' 하면서 당황하지 말고 10엔짜리부터 천천
히 계산해서 내야 할 요금만큼 동전을 추린 다음 요금통에 정리
권과 함께 넣으면 된다.

인터넷 사이트 등에서는 버스 탑승 방식을 상세히 설명한 안내문을 게재하고 있다.

이렇듯, 버스 한 번 타는 데도 진땀을 빼게 하는 일본. 다만, 지난 몇 년간 전국 어디서나 사용 가능한 '교통카드'가 활성화되면서 요금 지불에 어려움을 겪는 이가 많이 줄었다. 또한 해외에서 온 여행자는 '1일 패스'를 이용할 수 있어 외국인들의 버스 탑승도 한결 쉬워졌다. 또한 교토 같은 관광지에서는 시내 한정 '균일 요금제'가 뿌리내리기도 했다. 그럼에도 여전히 많은 지방 도시에서는 뒤로 타서 앞으로 내리는 시스템을 고수하고 있기에, 혹시나 일본의 지방으로 여행이나 출장을 갈 일이 있다면 미리 버스 타는 방법을 숙지해두는 것이 좋겠다.

횡단보도를 건널 때 울리는
구슬픈 음악의 정체

규슈 지역에 설치된 많은 보행자 신호등은 파란불로 바뀔 때마다 구슬픈 음악을 흘려보낸다. 듣기에 따라 나라 잃은 백성의 한처럼 들리는 이 음악의 정체는 바로 〈도오랸세〉라는 전래 동요다.

　도오랸세通りゃんせ란 '지나갈게요'라는 뜻의 옛말로, 노랫말에는 어린아이를 키우던 부모들이 천신天神을 만나러 가는 과정이 담겨 있다. 이를 우리말로 풀어보면 이렇다.

通りゃんせ 通りゃんせ. 지나갈게요, 지나갈게요.

ここはどこの細道じゃ? 여기는 어디의 샛길이죠?

天神様の細道じゃ. 천신님의 샛길입니다.

ちょっと通してくだしゃんせ. 좀 지나가게 해주세요.

ご用のないもの通しゃせぬ. 용무가 없는 자는 지나갈 수 없습니다.

この子の七つのお祝いにお札を納めに参ります。이 아이의
일곱 번째 생일에 부적을 바치러 갑니다.

行きはよいよい、帰りは怖い。가는 길은 즐겁지만 돌아오는
길이 무섭군요.

怖いながらも通りゃんせ通りゃんせ。두렵긴 하지만 지나갈게
요, 지나갈게요.

의학 기술이 발달하지 못한 에도 시대에는 어린아이들이
7세를 넘기지 못하고 사망하는 경우가 허다했다. 때문에 민
간에서는 매년 시치고산七五三, 고이노보리鯉のぼり 같은, 어린
아이들의 건강과 행복을 기원하는 축제를 열었다.

이뿐 아니라, 부모는 아이가 태어나면 집 근처 신사에 들
러 아이를 지켜주는 부적을 받아오는 게 관습으로 이어졌
다. 그리고 아이가 일곱 살까지 건강하게 성장하면 신께 감
사 인사를 전하고자 아이를 데리고 신사에 갔다. 거기서 신
에게 인사를 드린 후 출생 당시에 받은 부적을 반납한다. 즉
부모가 일곱 살짜리 아이를 데리고 신사에 참배하러 가는
풍경을 담은 노래가 〈도오랸세〉다.

가사에는 "(신사로) 가는 길은 즐겁지만 돌아오는 길이 무
섭군요."라는 말이 등장한다. 이는 '7세가 될 때까지 신의 가
호가 깃든 부적이 우리 아이를 지켜준 덕에 신사에 부적을

반납하러 갈 때는 무사히 갈 수 있지만 부적을 반납하고 돌아오는 길에는 더 이상 신의 보호를 받지 못할 테니 우리 아이가 어찌 될지 걱정된다.'라는 뜻이 담겨 있다.

즉, 신호가 파란불로 바뀌었을 때 〈도오랸세〉 음악이 흘러나오는 것은 음악이 흐르는 동안에는 신의 가호에 힘입어 안심하고 횡단보도를 건너도 된다는 뜻이다. 여행 중에 무심코 들어 넘기는 일본 신호등 소리음에 '자식을 향한 부모들의 극진한 사랑'이 살아 숨 쉬는 것이다.

규슈 지역 외에 도호쿠 지역에서도 알림음으로 〈도오랸세〉와 〈고향의 하늘〉을 쓴다.

〈도오랸세〉를 들을 수 있는 QR코드

동일본 대 서일본, 달라도 너무 다른 두 지역을 비교한다

일본의 행정단위는 총 47개의 도도부현と/どう/ふ/けん(都道府県)으로 구성된다. 수도인 도쿄도와 홋카이도, 오사카부와 교토부, 그리고 43개 현이 광역자치단체를 이루는 것이다.

이와 별개로 역사, 경제, 문화, 기후에 따라 8개 지방으로 나눠 부르기도 한다(한국에서 시도와 같은 공식적인 행정단위와 별개로 영남, 호남, 기호 등으로 지역을 나누는 것과 비슷하다고 보면 된다).

65쪽 지도에서 보이듯이, 한반도 면적보다 1.7배 넓은 일본에는 다양한 자연환경과 생활방식에서 비롯한 뚜렷한 지역차가 존재한다. 그중에서도 도쿄를 중심으로 한 동일본과 오사카를 필두로 한 서일본의 차이가 두드러지는데, 이를 논하기에 앞서 동일본과 서일본의 경계선부터 정의할 필요가 있다.

그런데 일본의 동과 서를 나누는 공식적인 기준이 없어 당황스럽다. 몇몇 정부 기관이 업무 관련해 두 지역을 나누기는 하지만, 기관마다 기준이 다를뿐더러 사회단체, 기업, 언론 등도 각자 기준으로 경계선을 나누고 있다.

가령 일본 기상청에서는 교토부-시가현-나라현-와카야마현부터 서쪽을 서일본, 후쿠이현-기후현-미에현부터 동쪽을 동일본으로 친다. 반면 NTT(일본전신전화주식회사)는 도야마현-기후현-아이치현-시즈오카현부터 서쪽을 서일본, 니가타현-나가노현-야마가타현-가나가와현부터 동쪽을 동일본으로 본다.

또한 1918년, 야베 히사카쓰矢部長克라는 지질학자는 이토이가와 시즈오카 구조선糸魚川静岡構造線*을 통해 니가타현 이토이가와에서 시즈오카현 이남까지 선을 그은 후, 서쪽은 서일본, 동쪽은 동일본이라 정의 내렸다.

이 밖에도 일본 검도 동서 대항전과 전력 주파수에 따른 지역 구분 등 동서를 나누는 다양한 기준이 존재한다.

---

* 이토이가와시의 오야시라즈에서 스와 호수를 거쳐 시즈오카시 아베강까지 이어지는 대단층선.

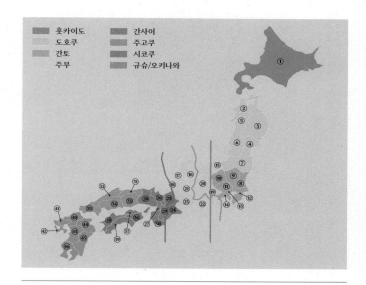

1. 홋카이도北海道①

2. 도호쿠東北 : 아오모리현青森県②, 이와테현岩手県③, 미야기현宮城県④, 아키타현
   秋田県⑤, 야마가타현山形県⑥, 후쿠시마현福島県⑦

3. 간토関東: 이바라키현茨城県⑧, 도치기현栃木県⑨, 군마현群馬県⑩, 사이타마현埼
   玉県⑪, 지바현千葉県⑫, 도쿄도東京都⑬, 가나가와현神奈川県⑭

4. 주부中部: 니가타현新潟県⑮, 도야마현富山県⑯, 이시카와현石川県⑰, 후쿠이현福
   井県⑱, 야마나시현山梨県⑲, 나가노현長野県⑳, 기후현岐阜県㉑, 시즈오카현静岡
   県㉒, 아이치현愛知県㉓

5. 간사이関西: 미에현三重県㉔, 시가현滋賀県㉕, 교토부京都府㉖, 오사카부大阪府㉗,
   효고현兵庫県㉘, 나라현奈良県㉙, 와카야마현和歌山県㉚

6. 주고쿠中国: 돗토리현鳥取県㉛, 시마네현島根県㉜, 오카야마현岡山県㉝, 히로시마
   현広島県㉞, 야마구치현山口県㉟

7. 시코쿠四国: 도쿠시마현徳島県㊱, 가가와현香川県㊲, 에히메현愛媛県㊳, 고치현高
   知県㊴

8. 규슈九州·오키나와沖縄: 후쿠오카현福岡県㊵, 사가현佐賀県㊶, 나가사키현長崎県
   ㊷, 구마모토현熊本県㊸, 오이타현大分県㊹, 미야자키현宮崎県㊺, 가고시마현鹿児
   島県㊻, 오키나와현沖縄県(지도 외)

빨간 선은 일본 기상청이 나눈 동일본과 서일본. 분홍색 선은 NTT가 나눈 동일본과
서일본. 초록색 선은 야베 히사카쓰가 구분한 동일본과 서일본. 선 기준으로 왼쪽이
서일본, 오른쪽이 동일본이다.

천과 봉 사이에
틈을 만든 간토의 노렌

31-14

警報装置設置店
ALARM SYSTEM IN OPERATION
警視庁 (METROPOLITAN POLICE)

防犯燈協力の家
本富士警察署

木富士
警察署
防犯連絡所

동일본과 서일본,
얼마나 다를까

이렇듯 동서 구분이 불명확한 가운데, 일본인들은 넉넉잡아 이시카와현과 아이치현의 나고야까지를 서일본으로 친다. 그렇다면, 이렇게 나눈 동과 서는 얼마나 다를까?

먼저 에스컬레이터를 탈 때 왼쪽에 서는 도쿄와 대조적으로, 오사카에서는 왼쪽은 비우고 오른쪽으로 줄을 서는 경향이 있다. 해외에 일본 문화를 소개하는 웹사이트 WAGAYA JAPAN에 따르면, 도쿄를 포함한 간토 지역 주민 70퍼센트가 왼쪽에 선다(오른쪽 12.4퍼센트)고 한 것과 대조적으로, 오사카를 포함한 간사이 지역 주민 57.7퍼센트가 오른쪽에 선다(왼쪽 20.1퍼센트)고 했다.

또한 가쓰오부시로 국물을 내는 동일본과 달리 서일본에서는 다시마를 우려낸 국물이 대세를 이룬다. 가령 닛신식품日清食品의 인기 인스턴트라면 돈베에どん兵衛의 경우, 서일본 지역에 판매하는 것에는 다시마 소스가, 동일본 판매분에는 가쓰오부시가 원료인 소스가 들어간다.

삽을 가리키는 명칭도 다르다. 동일본 사람들이 공사장에서

나 볼 법한 대형 삽을 스콥スコップ(영어 scoop), 모종삽을 샤벨シャベ
ル(영어 shovel)이라 부르는 데 반해 서일본에서는 대형 삽을 샤벨,
모종삽을 스콥이라 바꿔 부른다.

이 밖에도 사각형 유부 초밥이 대세인 간토 지방과 달리 간
사이 지방에서는 삼각형 유부 초밥이 주류이며, 간토 사람들
은 주먹밥을 오니기리おにぎり라 부르는 반면 간사이 사람들은
오무스비お結び라고 부르는 등, 수없이 많은 부분에서 차이점을
보인다.

장어 등을 가르는 동일본,
배를 가르는 서일본

이렇듯 달라도 너무 다른 동일본과 서일본의 차이는 에도 시대
江戸時代(1603~1867)에도 존재했다. 우선 무사적 기풍이 짙은 동
일본에서는 장어 요리를 만들 때 장어의 등을 갈라 구웠다. 배
를 가르는 것이 무사에게 가장 수치스러운 행위인 '할복'을 연
상시키기에 동일본 사람들은 장어 등을 가르는 것이다. 반면,
오사카, 후쿠오카, 구라시키 등 일찍이 상업으로 번영하며 상

등을 가르고 한 차례 찐 다음 양념을 바르며 굽는 동일본 장어 요리(위)와
배를 가른 장어를 바로 불에 올려 구우며 양념을 바르는 서일본 장어 요리(아래)

인의 기백이 깊게 서린 서일본에서는 '속마음을 드러낸 채 이야기한다[腹を割って話す].'라는 의미에서 장어의 배를 갈라 조리한다.

나아가, 장어 대가리를 잘라내고 조리하는 동일본과 달리, 서일본에서는 대가리까지 그대로 조리하는 경향이 있다. 또한 바짝 조리지 않은 양념을 쓰는 탓에 속살까지 양념의 깊은 맛이 스며들지 않는 점을 보완하기 위해 장어를 한 차례 찐 다음 조리하는 동일본과 대조적으로, 달고 진한 양념으로 맛을 내는 서일본에서는 장어를 곧바로 불에 올려 익히며 양념을 바른다(물론 지역에 따라 예외는 있다). 이로 인해 동일본의 장어 요리는 뼈까지 부드럽게 씹히는, 몹시 부드러운 식감이 특징이다.

동 vs 서,
여기서 끝나지 않는다

앞에서 언급한 대로, 무사 기풍이 짙은 간토 지역에서는 엄격한 신분제가 작동했다. 때문에 간토 지역에서 가게를 꾸린 상인들은 무사들의 갑작스러운 방문에 즉각 대비해야 했다. 그리하여 입구에 노렌을 걸 때 그 위로 작은 고리를 달아 이를 나무봉에 걸었다. 그러면 노렌과 봉 사이에 작은 틈이 생기는데, 종업원들이 이 틈을 통해 수시로 바깥 상황을 확인한 것이다.

반면 상인적 기풍이 강한 서일본에서는 방문객들이 편하게 물건을 볼 수 있도록 노렌을 봉에 감아 천이 풀리지 않도록 실로 꿰맸다. 그 덕에 봉과 천 사이의 틈이 사라지면서 손님들은 상인의 시선을 느끼지 않고 물건을 구경할 수 있다.

아울러 무사와 고위층이 많이 살던 간토 지역에서는 노렌에 글자를 크게 써 넣는 반면, 상인과 농민 등 글을 읽을 줄 모르는 이가 많이 살던 간사이 지역에서는 글자는 작게 써 넣는 대신 문양을 크게 넣는 경향이 강했다.

일본 주택가 골목은
언제부터 그렇게 깨끗했나

도쿄나 오사카, 요코하마 등 대도시 중심가는 한국의 풍경과 다를 바 없지만, "곤니치와こんにちは."라고 반갑게 인사를 건네는 할머니와 커다란 란도셀 가방을 멘 초등학생들이 오가는 주택가 골목은 청소 요정이 사나 싶을 정도로 깔끔한 것이 일본이다. 대체 일본의 주택가 골목은 언제부터 이리 깨끗했던 걸까?

화산과 지진, 홍수, 해일 등 숱한 재해로 인해 열도 사람들은 일찍이 자연을 경외해왔다. 이 과정에서 신도神道라 부르는 토착 신앙이 탄생했다. 어디에도 없고 어디에나 있는 신을 모심으로써 평온한 세상을 기원한 신도 신앙은 그리스 로마

일본을 지탱하는 종교의 중심, 신사를 상징하는 도리이
(히로시마현 미야지마의 이쓰쿠시마 신사)

신화와 마찬가지로 수많은 신을 모신다. 실제로 오늘날 전국 8만여 신사 神社(신을 모시는 사원)에서 800만 이상의 신을 모실 정도다.

이 신도 신앙의 중심인 신사는 지역 토착 세력과 결탁하며 민중의 삶 깊숙이 뿌리내렸다. 예로부터 일본은 상징적으로만 존재하던 일왕 대신, 막부 幕府 라고 하는 무신 정권이 실권을 행사했다. 그러나 이들 막부의 영향력은 전국 곳곳에 미치지

못했고, 대신 다이묘だいみょう(大名)라는 지방 영주들이 각 지역을 다스렸다.

일본,
신도의 나라

다이묘들은 막부의 권력이 약화될 때마다 주변 세력과 치열한 각축전을 벌이며 세를 불렸다. 특히 15세기 중반부터 100여 년간 이어진 전국시대戰国時代(1467~1573)에는 하루가 멀다 하고 전쟁이 벌어졌다. 때문에 다이묘들은 신의 가호 아래 생명과 안전을 지키는 한편, 영지 내부에서 발생하는 혼란과 반란, 주민 이탈 방지에 주력했다. 이를 위해 신앙을 토대로 주민들에게 영향력을 행사하던 신사와 손을 잡았다.

신사는 다이묘의 비호 아래 마을 공유지 및 자원을 관리하는 한편, 주민들의 이탈 방지와 결속 도모의 중심 역할을 맡았

＊바쿠후ばくふ로 발음한다. 군사, 내정, 외교 등을 담당하던 군사 정권을 가리킨다. 1192년 미나모토 요리토모源頼朝가 세운 가마쿠라 막부를 시작으로, 아시카가 다카우지足利尊氏가 1336년에 세운 무로마치 막부, 전국시대를 끝내고 도쿠가와 이에야스가 1603년에 세운 에도 막부로 이어졌다.

다. 아울러 전란으로 인해 지역을 안정시킬 세력이 부재할 때
에는 마을의 구심점이 되기도 했다. 이와 함께 이들 신사가 마
을의 평안과 주민들의 건강, 풍년을 기원하며 연 마쓰리祭り(신을
모시는 행사)는 오늘날까지 이어져, 매년 전국 방방곡곡에서 가지
각색의 마쓰리가 열린다.

　이렇듯 신앙을 토대로 신사가 마을을 이끄는 사이, 신도를
향한 사람들의 믿음은 한층 깊어졌다. 그런 일본인들에게, 신
사로 향하는 가도街道는 신을 뵈러 가는 신성한 통로이자 경

외해야 하는 길이었다. 이는 신의 가호 하에 영향력을 유지하고자 했던 지배층에게도 중요했다. 때문에 다이묘들은 수시로 주민들을 동원해 가도를 청소했다. 더불어 눈에 보이지 않는 곳에도 신이 계신다는 믿음으로 마을 입구와 집 주변도 깨끗이 유지할 것을 명했다.

먹고살기도 힘든데 늘상 마을 행사나 청소에 동원되는 상황을 주민들이 반겼을 리는 없다. 하지만 신분제가 견고한 상황에 윗사람 말을 거스를 수 없는 데다 개인적인 행동으로 사람들의 눈 밖에 날 경우 마을 구성원에서 배제되어 생존에 위협을 느낄 수도 있었기 때문에, 주민들은 틈날 때마다 집 주변을 청소해야 했다.

에도 시대,
치수와 매립의 역사

16세기 후반, 오다 노부나가織田信長에 이어 일본 전역을 장악한 도요토미 히데요시豊臣秀吉는 조금이라도 위협이 될 만한 세력을 견제했다. 이에 에도(오늘날의 도쿄)로 밀려난 2인자 도쿠가

도쿄 일왕궁의 해자 지도리가후치에서의 뱃놀이. 에도의 성장 과정에서 간다,
아오야마 등 주변 강으로부터 끌어온 물이 지금의 도쿄를 흐르고 있다.

와 이에야스德川家康는 잔뜩 몸을 웅크린 채 기회만 엿봤다. 그리고 몇 년 후, 도요토미 히데요시의 사망 소식을 접하기가 무섭게 속공을 펼쳐 전국을 손아귀에 넣었다.

그런데 이 시기의 에도는 고깃배 몇 척만 왔다 갔다 하던 어촌이라 일본 전역을 지배할 막부의 중심지로는 적합하지 않았다. 그리하여 도쿠가와 이에야스는 대규모 치수 작업과 매립을 통해 도시 기반을 다졌다. 이런 과정을 거치며 전란이 사라져 사회가 안정되었고, 지방의 다이묘들이 정기적으로 에도에 머무르도록 한 참근교대参勤交代 제도를 계기로 모든 사회경제의 중심이 에도로 몰리자 주민 수천 명이 고작이던 동네는 18세기 초에 이르러 인구 100만 명에 육박하는 대도시로 변모했다.

1721년, 에도 최초의 인구 조사에 의하면 이 시기 에도의 인구는 501,394명이었다. 이는 참근교대제로 에도에 볼모로 온 지방 다이묘 집안과 사원 관계자, 지방에서 온 노동자 등을 제외한 수치로, 이들을 포함하면 100만 명을 넘었을 것으로 추측한다.

－西田幸夫,『考証 江戸の火災は被害が少なかったのか』, 住宅新報社(2006)

하지만 대도시라는 명성 뒤에는 어두운 면도 존재했다. 당시 에도는 무사들이 사는 무사 거주 지역과 신사가 있는 신사 지구, 서민 주거 지역으로 구획이 나뉘어 있었다. 그런데 전체 인구의 16퍼센트밖에 안 되는 무사와 신관(신도 신앙의 성직자)이 소유한 땅이 도시 면적 80퍼센트를 웃돌았다.[*] 그런 가운데 지방 사람들이 돈을 벌기 위해 에도로 몰려들자 주택난이 심화했다. 큰 집을 가진 몇몇 에도 주민들이 본인 소유 가옥을 나가야長屋[**]라고 하는 다세대 주택으로 개조해 임대 사업을 벌이기도 했지만, 근본적인 해결책은 되지 못했다.

이 문제를 풀기 위해 막부는 지속적인 매립을 통해 토지 확보에 힘썼다. 그런데 이 과정에서 또 다른 문제가 발생했다. 매립지 위에 정착한 주민들의 식수난이 가중한 것이다. 그리하여 막부는 에도 근교로 흐르는 강줄기를 도시로 틀어 식수를 끌어왔다. 초기에는 간다강 수원水源에서 물을 끌어오는 정도에 그쳤으나 도시 성장과 더불어 다마가와, 아오야마, 미타 등 총 6개 수원으로부터 물을 공급받았다.

---

[*] 1725년 당시 에도 시내의 총 면적은 69.93제곱킬로미터였는데, 이 중 일반 백성 주거 지역 면적은 8.72제곱킬로미터에 그쳤다.
[**] 나가야의 방당 평균 면적은 9.72제곱미터로, 약 2.94평에 해당한다.

그리고 안정된 식수 공급을 위해 상수도를 관리하는 관리를 두어 강 주변에 쓰레기를 투기하거나 물을 오염시키는 행위를 단속하도록 했다. 이러한 흐름에서 강 유역에 버려진 쓰레기를 처리하는 직업군도 탄생했다. 또한 환경오염을 막기 위해 주택가에서 나온 쓰레기를 재활용하도록 하는 한편, 주민을 동원해 마을 입구와 골목을 청소하도록 했다.

뿐만 아니라 배설물로 인한 상수원 오염을 방지하고 농사에 필요한 비료를 얻기 위해 각 가정(나가야 포함)마다 소변용 화장실辻便所을 따로 두기도 했다. 그러자 걸러진 배설물을 취급하는 업자도 탄생했다. 이들은 각 가정에서 거둔 배설물을 비료로 가공해 농민들에게 팔았다. 즉, 일본 거리가 깨끗해진 요인 중 하나는 수자원 관리의 필요성을 절감한 막부의 정책이라 볼 수 있다.

직할령,
막부의 얼굴

1603년에 탄생한 에도 막부는 강력한 중앙집권으로 265년간

기후현 다카야마에 있는 다카야마진야高山陣屋.
현재 일본에 유일하게 남은 대관소 건물이다.
막부가 파견한 대관들이 이곳에 머물며 정무를 봤다.

열도를 지배했다. 막부는 효율적인 통치를 위해 다이묘들에게 당근과 채찍을 골고루 썼다. 여기서 '당근'이란 조세권 미행사를 가리키는데, 쉽게 말해 다이묘들에게서 세금을 걷지 않았다. 대신 전국 51곳에 덴료 지역天領地域이라 부르는 직할지를 두어 세수를 확보하는 한편 주변 다이묘들을 감시케 했다. 이 덴료 지역에는 대관代官이라는 지방관을 파견했는데, 이들이 다이묘와 결탁하는 것을 막기 위해 지방관은 쇼군의 친인척이나 심복 중에서 뽑는 게 일반적이었다.

이렇게 막부의 사람인 대관이 해당 지역에 부임할 무렵, 이들이 지나는 골목에 위치한 지역 주민들은 열심히 길을 쓸고 닦아야 했다. 아울러 덴료 지역 주민들도 성대한 환영 행사와 마을 정화 작업에 나섰다. 대관이 부임한 후에도 청소는 멈추지 않았다. 막부와 거래를 트기 위해 몰려든 주변 도시 상인들에게 막부 직할지의 더러운 모습을 보여주는 것은 막부를 욕보이는 짓이었기 때문에 주민들을 상시 동원해 마을과 거리, 항만 등을 깨끗하게 유지한 것이다.

손님이 지나가는 길을
항상 깨끗하게 유지할 것

앞서 언급한 조세권 면제가 '당근'이었다면, 지방 다이묘들을 견제하기 위한 참근교대제는 가혹한 채찍이었다.

정기적으로 영지와 에도를 오가는 과정에서 막대한 비용을 지출한 탓에, 다이묘들은 만성적인 경제난에 시달렸다. 게다가 이동 과정에서 다이묘 간의 묘한 경쟁심리도 촉발됐다. 기본적으로 이들이 에도를 오갈 때마다 다른 다이묘들의 관할 지역을 통과할 수밖에 없었다. 이때 자신의 힘을 드러내는 동시에 타인의 세력을 파악한 것이었다. 때문에 참근교대를 위해 수도로 향하는 다이묘들은 본인의 재력과 위용을 과시하고자 큰돈을 들여 행렬단을 꾸렸다. 반대로, 이들 일행이 지나는 길목과 관문을 다스리던 다이묘들은 영지의 번영과 안정을 보여주는 데 힘을 쏟았다. 수시로 주민들을 동원해 참근교대 행렬이 지나는 길목과 거리를 관리하는 한편, 주민들이 함부로 쓰레기를 버리지 않도록 단속한 것이다.

그뿐만이 아니다. 17세기부터 12차례에 걸쳐 조일(조선-일본) 외교의 교두보 역할을 한 조선통신사 일행이 일본 각지를 지

에도 시대 네덜란드 상관이 머물던
인공섬 데지마의 19세기 모습

날 때도 주민들을 동원해 거리 청소를 했다. "막부의 귀한 손
님이니 식사 대접과 숙소 제공에 있어 부족함 없이 대접하라.
나아가 막부의 권위를 실추시키지 않도록 통신사 일행이 지나
는 거리는 항상 깔끔하게 관리하라."는 막부의 명을 어기면 영
지 보전은커녕 목숨이 날아갈 수도 있었기에, 조선통신사 일
행이 지나는 지역을 다스리던 다이묘들은 모든 주민을 동원해
마을 전역을 깨끗이 유지했다.

여기에 17세기 초부터 200여 년간 나가사키현의 데지마出島에 머물며 일본과 교류한 네덜란드 상관 일행들의 행적도 깨끗한 거리 유지에 한몫했다. 이들은 데지마에서의 교역을 허가받은 대신 1년에 한 번, 막부가 있는 에도에 방문해야 했다. 이에, 상관 일행이 통과하는 길과 항만도 깨끗이 유지되었다.

즉, 위에서 언급한 네 가지 역사적 배경을 통해 일본 사회는 마을과 집 주변 거리를 깨끗이 유지하는 습관을 들였다는 것을 유추할 수 있다. 그리고 이런 관습은 오늘까지 이어지고 있다. 현재 일본 전역에는 자치회 성격의 조나이카이町内会가 있다. 지역 주민들끼리 똘똘 뭉친 이 조직은 지방 정부와 협력해 마을 번영과 안전을 위한 활동에 앞장서며 여름철에 열도 전역에서 열리는 마쓰리 준비와 참가를 비롯해 마을 청소에도 적극적이다.

지역에 따라 조금씩 다르지만, 이들 자치회는 한 달에 한두 번씩 골목 곳곳을 청소한다. '꼭 참여해야 한다.'는 강제력은 없지만 토착 주민들이 주가 되는 곳은 조나이카이의 입김이 센 탓에 "그 집은 또 청소 안 나왔더라." "그 집 주변은 항상 지저분하더라." 같은 뒷말이 나오는 것을 우려해 많이 참여하는 편이다.

보다 자세한 사정을 듣기 위해, 자가 주택에 사는 일본인 37 명을 대상으로 조사[*]한 결과에서도 응답자 중 16명이 조나이카이가 주최하는 마을 정기 청소에 참여한다고 답했다. 나머지 21명은 마을 청소에 참여하지는 않지만 정기적으로 집 주변은 청소한다고 응답했다. 또한 정기 청소회 참여 유무에 관계없이 집 근처를 청소하는 이유로는 "내 집 근처니까 당연히 해야 한다."라는 응답이 가장 많았고, "'그 집은 항상 지저분하더라'라는 뒷말 나오는 게 싫어 청소한다."라는 응답이 뒤를 이었다.

이 밖에도 노인 일자리 사업의 일환으로 운영되는 공익사단법인 실버인재센터公益社団法人シルバー人材センター의 존재도 거리를 깨끗하게 하는 데 한몫했다. 실버인재센터는 일본 도도부현지사의 허가를 받은 공익법인으로 60세 이상의 어르신들께 일자리를 제공하는 역할을 한다. 이곳에 고용된 어르신들은 가사도우미를 비롯해 간단한 일을 하는데, 그중 많은 수가 지방자치단체에서 주관하는 거리 청소에 참여해 깨끗한 거리 만

---

[*] 2021년 필자가 가르치는 학생들을 대상으로 구두로 실시한 조사다. 혼자 사는 학생들이 대다수라, 부모님 댁을 기준으로 응답했다.

들기에 이바지한다. 실제로 이른 오전에 일본 거리를 걷다 보면 실버인재센터에 고용된 어르신들께서 공원이나 골목 미화에 힘 기울이는 모습을 쉽게 발견할 수 있다.

마지막으로, 1962년부터 시행된 차고지 증명제 덕에 골목에 불법 주차하는 일이 대폭 감소하면서 불법 주차된 차량 아래에 쓰레기를 버리는 일도 줄어들었다. 이 또한 거리가 한층 깨끗해진 데 기여했다고 유추할 수 있다.

이렇듯 일본의 주택가 골목이 깨끗하게 유지되는 것은 오랜시간 이어진 역사적 관습과 매일 마주치는 이웃들과 얼굴 붉히고 싶지 않은 마음, 여기에 타인의 시선을 의식하는 태도 등 여러 요소가 작용한 결과라 볼 수 있다.

이 깔끔한 거리 모습에도
일본의 역사가 스며 있다.

더러울수록
인기 많은 가게?

가게의 역사와 전통이 깃든 한 장의 천, 노렌

크고 작은 상점 입구에 형형색색 휘날리는 천 쪼가리. 노렌暖簾
이라 부르는 이 물건은, 얼핏 보면 헝겊 한 장으로 만든 가리개
에 지나지 않는다. 그러나 자세히 들여다보면 한 가게의 전통
과 두터운 신용이 엿보이는 역사적 산물이다.

　노렌은 가마쿠라 시대鎌倉時代(1185~1333), 선종禪宗 사원에서
차가운 바깥바람과 뜨거운 햇볕을 차단하고자 건물 입구에 헝
겊을 건 데서 시작되었다. 이후 전국시대의 혼란을 수습하고
일본 전역을 통일한 오다 노부나가와 도요토미 히데요시의 집
권기인 아즈치 모모야마 시대安土桃山時代(1573~1603)에 이르러
교토와 오사카를 중심으로 가옥 입구에 거는 사생활 보호 도

구가 되었다.

에도 시대에 들어서는 노렌의 쓰임새와 형태가 한층 확대되었다. 먼저 많은 상점에서 간판 대용으로 활용하기 시작했다. 이 시기 상인들은 노렌에 상호와 문양, 표식 등을 넣었고, 글자를 모르던 서민들은 이를 통해 가게를 구별했다. 또한 노렌의 유무에 따라 가게 상황을 파악하기도 했다. 가령 입구에 노렌이 걸려 있으면 '영업 중', 걸려 있지 않을 때는 가게 문을 닫은 것이었다.

골동품(팽이), 부동산, 자동차 정비, 조명 등
무엇을 취급하는 가게인지 금방 알 수 있게 하는 노렌들

한편, 가게의 종류에 따라 노렌의 색이 달라지기도 했다. 먼저 포목점이나 소바 전문점, 양조장 등에서는 남색 노렌을 걸었다. 이는 남색 염료의 원료인 쪽[藍]에 함유된 피레스로이드 pyrethroid 성분의 방충 효과가 탁월했기 때문이다. 반면, 설탕을 많이 쓰는 화과자 전문점이나 약국은 흰색 천을 걸었다. 또한 담배(연초) 가게와 찻집에서는 담뱃잎이나 찻잎(당시 서민들은 수색이 빨간 번차를 즐겨 마셨다)을 연상케 하는 갈색[茶色] 노렌을, 18세기부터 급속도로 확산한 유곽은 매혹적인 적갈색 노렌을 거는 게 보통이었다.

그런 가운데 노렌에 쓰는 것이 금기시되는 색이 있었으니, 바로 자주색이다. 오랜 시간 자주색은 높은 상류층 집안만 쓸 수 있는 귀한 색이었다. 그러던 것이 에도 시대 중엽 금융기관으로부터 돈을 빌린 가게가 대출금을 상환할 때까지 자주색 노렌을 내걸어야 하는 규칙이 생기면서 어느새 자주색 노렌을 꺼리게 되었다고 한다.

또한 노렌에 문자를 넣을 때 빨간색은 쓰지 않는 것도 눈여겨볼 만하다. 예로부터 일본 사회에서는 빨간색이 적자赤字(지출이 수입보다 많아서 생기는 결손액)를 의미했다. 때문에 많은 가게가 노렌 속에 흑자黒字를 의미하는 검은색 글자를 넣었다.

한편, 음식점들 사이에는 노렌이 더러울수록 장사가 잘된다는 믿음이 있다. 오래전 사람들은 식사 후 음식물이 묻은 손을 노렌에 닦았는데, 이로 인해 노렌이 더러울수록 손님이 많은 가게라는 인식이 생겼기 때문이다. 그래서 오늘날에도 많은 음식점이 일부러 지저분한 노렌을 걸어두기도 한다.

도제 제도가 낳은
노렌와케

왕은 존재하나 군림하지 않았던 열도에서는 일찍이 지방 분권제가 뿌리내렸다. 막부의 영향권에 속해 있으면서도 조세권과 자치권을 보장받은 지방 다이묘들은 세수 확보를 위해 상공업 융성에 힘썼다. 특히 돈이 되는 기술을 보유한 장인에게 윤택한 생활을 보장하고 다양한 혜택을 주는 한편, 기술이 타 지역에 유출되는 것을 막고자 기밀 유지에도 힘썼다. 아울러, 단순히 물건을 만드는 기술자로 취급하지 않고 장인으로서의 위치를 인정해주었다. 이에 장인들은 맡은 일에 충실하고 기술을 전수하는 것에 사명감을 가졌다.

히로시마를 대표하는 오코노미야키 전문점 핫쇼.
핫쇼를 비롯해 장인들이 운영하는 가게에서는
오래 일한 직원들이 독립할 때 노렌와케를 실시한다.

이 과정에서 일본식 도제 제도가 탄생했다. 장인이 되면 안
정된 생활을 누릴 수 있다는 이유로 많은 서민이 여러 공방에
들어가 일을 배웠다. 이들은 청소나 빨래 같은 잡일부터 시작
해 조금씩 기술을 익혔다. 이후 일정 시간이 지나 장인의 경지
에 도달한 종업원들은 장인의 허가를 얻고 공방에서 분가해
자신의 사업장을 차렸다. 이때 장인은 독립하는 제자들이 같

은 이름의 상호로 영업을 할 수 있도록 허가했다. 또한 본가에서 분가한 제자들은 스승의 명예에 먹칠하지 않고자 노력했다. 노렌을 나눠준다고 해서 노렌와케暖簾分け(노렌 나누기)라 부르는 이 전통은, 오늘날까지 이름 있는 식당을 중심으로 이어져 내려오고 있다.

일본 자판기에는
동전이 몇 개까지 들어갈까

시장 규모 5조 엔(50조 원), 설치 대수 396만 9,500대(2022년 12월 기준), 매일 수십만 명이 오가는 도심에서 하루 한 명 지날까 말까 하는 시골에 이르기까지, 일본은 전국 어디에나 자판기가 놓여 있는 '자판기 왕국'이다.

세계 최초의 자판기는
성수 판매기

세계 최초의 자판기는 기원전 215년 발명가이자 수학자였던 헤론Heron이 발명한 '성수聖水 자판기'다. 이집트 알렉산드리아에서 활동한 헤론은 자신의 저서 《기체학Pneumatica》에 성수 자판기를 소개했다. 그가 신전에 설치했다고 알려진 성수 자판기는, 동전 투입구에 5테트라드라크마Tetradrachm(당시 화폐)를 넣으면 동전이 기계 안에 있는 접시에 떨어지고, 그 무게에 의해 접시가 아래로 내려가면 지렛대가 위로 올라가면서 성수가 담긴 병을 건드려 약간의 성수를 흘려보내는 방식이었다. 이 자판기가 실제로 존재했는지는 알 수 없으나, 확실한 기록이 남은 이상 역사에서는 이를 세계 최초의 자판기라 보고 있다.

현존하는 자판기 중 가장 오래된 것은 1615년경 영국의 한 여관 주인이 개발한 담배 자판기다. 길이 14센티미터, 폭 11센티미터, 높이 10센티미터에 불과한 이 작은 물건은 아너 박스honour box라 불렸으며, 여관이나 선술집 등 담배 수요가 많은 가게에 설치되었다.

19세기에는 리처드 칼라일Richard Carlile이라는 사람이 '책 자판기'를 발명했다. 그는 당시 금서로 지정되어 있던 토머스 페인Thomas Paine(1737~1809)의 《이성의 시대The Age of Reason》를 판매하기 위해 고민을 거듭하다가 '자판기에 넣어 판매하면 판매자를 특정할 수 없을 것'이라 판단해 자판기로 책을 팔았다. 그

러나 영국 재판소에서는 이것도 직접적인 금서 판매 행위라고 간주해 유죄 판결을 내렸다.

이렇듯 오랜 시간 동안 다양한 자판기가 인류의 역사와 함께해왔다. 하지만 지금까지 언급한 것들은 원리를 증명하는 자료가 많이 남지 않은 데다 현재의 자판기와는 다소 결이 다르다. 이 때문에 현재와 같은 자판기의 시초로는 1883년에 영국의 퍼시벌 에버릿Percival Everitt이 개발한 우표와 편지지 자판기를 든다. 이 자판기는 출시 2년 만에 런던 시내 역과 거리 100여 곳에 설치되었고, 이에 힘입어 퍼시벌 에버릿은 자동 체중 측정기를 비롯해 음료수 자판기, 과자 자판기 등 다양한 자판기를 개발하며 '자판기 역사'에 한 획을 그었다.

다른 국가에서도 하나둘 자판기가 등장했다. 1888년 미국의 토머스 애덤스 껌 회사는 뉴욕 거리에 껌 자판기를 설치했고, 1890년 프랑스 파리에서는 뜨거운 물을 판매하는 자판기가 등장했으며, 1895년 독일 베를린에는 조리한 음식을 넣어 파는 **자판기 레스토랑**(가게에 자판기가 놓여 있고 자판기에는 가게 주인이 조리한 음식이 들어 있어, 여기에 손님들이 돈을 넣고 구입하는 방식. 독일에서는 이런 자판기를 아우토마트Automat라 불렀다고 한다)**이 설치되기도 했다.**

일본이 자판기 왕국이
되기까지

비슷한 시기, 일본에도 자판기가 도입되었다. 19세기 말 도쿄 우에노 공원에 자동 체중 측정기가 설치되었다는 기록이 있는 가운데, 1888년에 발명가인 다와라야 다카시치俵谷高七가 담배 자판기를 개발했다. 일본에서 현존하는 자판기 중 가장 오래된 것은 1904년에 탄생한 우편엽서 자판기로, 우편함 기능까

과자를 사면 음악 소리가 들리는
글리코 자판기를 설명하는 자료

지 탑재한 이 물건은 현재 도쿄도 지요다구 千代田区에 있는 체신박물관에 전시되어 있다.

이윽고 1924년 나카야마 고이치로 中山小一郎가 봉지에 당시 인기 만화 캐릭터인 '논키나 도오상 のんきな父さん'을 그려 넣은 과자를 판매하는 과자 자판기를 개발했고, 1931년 일본의 대표 제과 업체인 글리코는 10전짜리 동전을 넣으면 기계에서 20초간 영상과 음악이 흐르고 이후 영양 과자인 글리코와 잔돈이 나오는 자판기를 내놓았다. 글리코를 가게에서 구입할 때보다 2전 싸게 살 수 있는 데다 음악과 영상까지 구경할 수 있던 이 자판기는 큰 화제를 모으며 도쿄 시내에만 100대 이상 설치되었다.

이렇듯 사회 전반에 다양한 자판기가 등장하며 자판기를 향한 대중의 관심도 크게 높아졌으나, 그럼에도 여전히 자판기는 이벤트성 기계에 머물렀다.

그러다 1962년에 코카콜라를 비롯한 미국 음료 업체들이 일본 곳곳에 음료 자판기를 설치한 것을 계기로 자판기 대수가 증가했다. 여기에 1967년부터 일본은행이 50엔짜리, 100엔짜리 동전을 주조하면서 자판기 이용률이 크게 높아졌다. 특히 매해 여름 고온다습한 기후에서 생활하는 일본인들은 직

장이나 길거리 어디에서도 100엔 동전 하나로 시원하게 목을 축일 수 있는 음료수에 열광했고, 이에 200만 대 넘는 음료 자판기가 전국 곳곳에 설치되었다.

이 음료 자판기의 인기에 힘입어 음료 말고도 다양한 품목을 취급하는 자판기가 등장하며, 일본은 '자판기 대국' 대열에 올랐다. 다만, 21세기 들어 편의점 업계가 골목 상권에 영향력을 확대하면서 자판기는 사양길에 접어들기 시작했다. 그러나

우동 자판기에서 판매하는 우동

최근 코로나19의 장기화로 대면 접촉에 큰 제한이 생긴 점을 틈타 '도라에몽ど冷えもん'이라는 자판기 업체가 출시한 냉동식품 자판기가 큰 인기를 끌었다. 피자와 햄버거와 같은 단순 패스트푸드부터 오코노미야키, 스시, 야키소바, 교자(일본식 만두), 굴 요리 등 가지각색 음식을 파는 이들 자판기는 급속도로 보급되며 자판기 중흥을 이끌고 있다.

자판기 잡학!

이렇듯 자판기 시장이 성장하는 사이, 이와 관련한 여러 가지 궁금증도 생겨났다. 그중 하나가 '자판기에 몇 개의 동전을 넣을 수 있는가'다.

일본은행법 '통화 단위 및 화폐 발행 등에 관한 법률' 제7조에 따르면, 자판기나 편의점, 여타 상점에서 동전으로 계산할 때 20개까지 사용할 수 있다(법적으로는 20개까지 사용 가능하도록 되어 있으나 20개 이상의 동전을 내밀어도 별 말 없이 계산해주는 편의점도 많다). 이에 따라 자판기도 동전을 최대 20개까지 넣을 수 있도록 했으나 상당수 자판기는 10엔짜리 동전은 20개, 50엔짜리와 100엔짜리 동전은 4개씩, 그리고 500엔짜리 동전은 3개까지 투입할 수 있도록 설계되어 있다. 이 중 수요가 많은 100엔짜리 동전의 투입 개수를 4개로 제한한 데는 이유가 있다. 과거에 100엔짜리 10개를 넣은 후 반환 레버를 돌려 500엔 동전 2개로 바꿔 가는 일이 잦았기 때문이다. 한편, 자판기는 지렛대의 원리를 활용하는 탓에 무게가 가벼운 5엔짜리, 1엔짜리 동전은 사용할 수 없다.

아울러, 취급하는 상품에 따라 동전 투입구의 구조가 다르다. 먼저 음료 및 식품, 담배 자판기의 동전 투입구는 가로로 뚫려 있어 동전을 눕혀서 넣는 구조인데, 승차권을 비롯한 표 발권기의 투입구는 세로로 뚫려 있는 것이 주를 이룬다. 가로 모양 투입구에 동전을 넣을 경우 동전이 식별 장치에 떨어지기까지 시간은 오래 걸리나 동전 보관 공간을 많이 차지하지 않기 때문에 최대한 큰 상품 저장 공간이 필요한 음료 자판기에 적합하다. 반면, 세로로 넣는 방식은 원심력 덕에 동전이 식

오사카에 가면
10엔 자판기

오사카부 후쿠시마초 다마가와 3초메丁目에는 10엔짜리 하나로 음료 구입이 가능한 자판기가 있다. 구글 지도에서 "10 円自販機"(10엔 자판기)라 검색하면 나오는 이 자판기는, 싼 가격은 물론, 동전을 넣고 버튼을 누르면 무작위로 음료가 나오는 것으로도 유명세를 타며 오사카의 명물로 떠올랐다.

자판기를 운영하는 업체 측은 유통 기한이 임박한 음료를 싸게 판매해 재고를 처리하는 한편, 박리다매로 이문을 남기고자 10엔 자판기 운영을 시작했다고 한다.

이 10엔 자판기 바로 옆에는 과자류를 판매하는 50엔 '보석함' 자판기와 여타 자판기에 비해 훨씬 싼 가격에 원하는 음료수를 살 수 있는 오이데야 신사おいでや神社 자판기가 자리해 큰 인기를 얻고 있다.

오사카부 후쿠시마초 3초메 1-16 (오사카 중앙 도매 시장 근처)
10엔 자판기는 아침 일찍 가지 않으면 매진 상태일 가능성이 높다.

별 장치에 빨리 도달하며 많은 인파가 이용하므로 상품(표) 저장 공간보다는 동전 보관 공간이 필요한 지하철역 승차권 판매기 및 각종 표 발권기에 활용된다.

한편, 음료 자판기의 '품절 램프'는 음료가 1개 남았을 때 켜진다. 이는 음료를 보충하는 즉시 손님이 시원하게 음료를 마실 수 있도록(새 음료를 보충해 냉장이 충분하지 않다 해도 마지막으로 남아 있던 시원한 음료를 구입할 수 있도록) 하기 위한 배려에서 비롯했다.

입욕 욕구 뿜뿜, 온천 마크는 언제 등장했을까

1948년에 일본 정부가 제정한 온천법溫泉法에 따르면, 땅속에서 분출되는 온수, 광천수, 수증기 중 분출 시 온도가 섭씨 25도를 넘거나, 25도 이하라도 용존 고형물, 리튬 이온, 철분 이온, 유황 등 법이 지정한 19가지 성분 중 하나 이상을 '일정 기준 이상' 함유한 물을 '온천수'라 정의한다.

위 기준에 부합하는 전국 2,894곳의 온천 지대에 있는 2만 7,915개의 원천源泉(온천수가 뿜어져 나오는 물줄기)에서는 매일 256만 7,825리터의 온천수가 솟아 나오며, 이를 기반으로 운영되는 온천 숙박 시설 수는 1만 3,000곳, 연간 이용객도 1억 3,000만 명에 육박한다.[*] 이는 히가에리 온센日帰り温泉(당일치기

온천 목욕) 여행객을 포함하지 않은 결과로, 실제로는 더 많은 이들이 온천을 이용하고 있음을 가늠할 수 있다.

일본 온천, 유구한 역사

일본 역사에 최초로 온천溫泉이라는 용어가 등장한 것은 나라 시대奈良時代(710~794)의 일로,《고사기古史記》와《일본서기日本書記》에 이요노유 伊予の湯(에히메현 도고 온천), 아리마노유有間の湯(효고현 아리마 온천), 무로노유牟婁の湯(와카야마현 시라하마 온천)에 관한 기술이 있다.

불을 피워 물을 데운 다음 이 온도를 오랜 시간 유지하는 기술이 없던 시기, 모락모락 김이 피어오르는 뜨거운 물에 들어가 피로를 씻어내는 행위는 그 자체로 신성한 것이었다. 때문에 상류층을 중심으로, 요양이 필요한 이들은 근교 온천에 들러 병든 몸과 마음을 씻어내고자 했다. 전국 각지에서 늘 전쟁

---

* (앞쪽) 단, 위 자료는 2019~20년의 통계 자료로, 코로나19 이후 온천 시설 및 이용객이 급감하며 많은 온천 숙박 시설이 문을 닫았다.

일본 온천의 상징 중 하나인
에히메현 마쓰야마의 도고 온천

이 발발한 전국시대에 와서는 다이묘들이 부상당한 병사들의
치료 시설 용도로 온천을 적극 활용했다.

　에도 시대에는 서민들 사이에서도 온천욕이 인기를 끌었다.
특히 참근교대제 시행으로 전국을 잇는 도로망이 확보된 것을
계기로, 이세 신궁(미에현)과 곤피라궁(가가와현 고토히라 신궁의 별명)
등 신성한 장소로 성지 순례를 떠나는 것이 유행했고, 이 참배

하코네 온천 마을 유모토를 묘사한
우타가와 히로시게의 우키요에(1852)

객들 사이에서 온천 숙박이 화두로 떠올랐다. 이들 참배객은
이동하는 동안 각지의 유명 온천 지대에 마련된 숙소에 머물
며 목욕을 즐겼고, 이 문화는 '온천의 대중화'로 이어졌다. 아
울러 이들이 여행을 기념하며 구입한 '우키요에 풍경화'는 출
판업의 성장과 오미야게おみやげ 문화(해당 지역의 토산물을 구입해 친
지에게 선물하는 관습)를 발전시키는 데에도 이바지했다.

　이윽고 메이지 시대(1968~12)에 들어 철도가 건설되자 이를
기반으로 한 당일 온천 여행이 유행했다. 특히 도쿄 근교의 하

코네 온천箱根温泉과 구사쓰 온천草津温泉은 연일 몰려드는 여행객들로 발 디딜 틈이 없을 정도였다.

온천이 한 도시의
상징으로!

일본 전역에 철로가 깔리자 사람들은 전국의 유명 온천을 찾아다니기 시작했다. 그리고 이 흐름을 활용해 '일본 제1의 온천 도시'로 떠오른 지역이 있으니, 바로 오이타현 벳푸別府다. 2,217개의 원천에서 매일 뜨거운 온천수가 콸콸 쏟아져 나오는 이 동네는 지난 100여 년간 일본이 자랑하는 온천 도시로 명성을 떨쳐왔다. 그리고 지금과 같은 인기를 누리기까지는 한 인물의 노력과 기발한 아이디어가 한몫했다.

　일찍이 벳푸는 일본 각종 역사서에 등장할 만큼 유서 깊은 온천 지대였다. 그러나 도쿄, 오사카, 후쿠오카 등 대도시와 멀리 떨어진 탓에, 철도 여행이 확산하던 시기에도 인지도는 미미했다. 그런 가운데 1911년, 에히메현 우와지마宇和島 출신의 사업가 아부라야 구마하치油屋熊八가 미국 생활을 정리한 후 아

전국 유명 온천지 원천(온천 물줄기) 수 상위 5	1일 온천수 유출량 상위 5
1. 오이타현 벳푸(2,217개)	1. 오이타현 벳푸(83,058리터)
2. 오이타현 유후인(819개)	2. 오이타현 유후인(44,486리터)
3. 시즈오카현 이토(649개)	3. 기후현 오쿠히다(36,904리터)
4. 시즈오카현 아타미(522개)	4. 시즈오카현 이토(34,081리터)
5. 가고시마현 이부스키(452개)	5. 군마현 구사쓰(32,300리터)

출처: 일본온천협회

내와 함께 벳푸에 이주해 가메노이 호텔亀の井ホテル의 전신인
가메노이 료칸을 창업했다. 이후 그는 관광객 유치를 위해 동
분서주했다. 먼저, 당시 각 지역에 상선을 띄우던 오사카상선大
阪商船을 설득해 벳푸항에 증기선이 기항하는 잔교를 설치하도
록 했다. 그 결과 '철로 교통'이 발달하지 못해 타 지역에 비해
크게 낙후되어 있던 벳푸는 하루아침에 접근성 향상을 이뤄냈
다.

　여기에 그치지 않고, 아부라야는 1925년에 사비를 들여 일
본 전역에 온천 광고를 게재했다. "산은 후지산富士山, 바다는

세토내해瀬戸内海, 온천은 벳푸"라는 문구를 삽입한 광고가 전 국에 걸리자 너 나 할 거 없이 '대체 벳푸가 어디기에 저런 광고를 내나?'라는 반응을 보였고, 이는 '한번 가보고 싶다.'라 는 희망으로 이어지며 많은 관광객이 벳푸를 찾게 되었다. 광고 문구 하나로 벳푸의 인지도를 끌어올린 데 성공한 아부라 야 구마하치는 이듬해 '벳푸 골프 프린스'라는 골프장을 열 며, 온천과 스포츠 시설을 융합한 새로운 관광 문화를 선보이 는 데 성공했다. 또한 벳푸-유후인을 잇는 도로 건설의 필요 성을 역설하여, 먼 훗날 탄생하는 벳푸고속도로의 등장에도 이바지했다.

1928년에 일본 최초로 여성 가이드가 안내하는 정기 버스 를 도입한 것도 아부라야의 아이디어였다. 벳푸 시내에 있는 지고쿠地獄 온천 순례지를 도는 동안 여성 가이드가 명소 곳곳 을 소개하는 이 정기 버스 체계는 이후 일본 전역으로 확산했 고, 오늘날까지 이어지고 있다. 실제로 일본의 유명 관광지를 돌다 보면 깔끔한 유니폼을 입고 깃발을 흔들며 단체 여행객 들을 인솔하는 여성 버스 가이드의 모습을 쉽게 볼 수 있는데, 그 시작이 바로 아부라야 구마하치였던 것이다.

이렇듯 고장 발전과 이미지 향상을 위해 다양한 아이디어를

벳푸역 앞에는 벳푸 온천의 아버지
아부라야 구마하치의 동상이 관광객을 반기고 있다.

내놓는 한편, 이를 실현하기 위해 고군분투한 아부라야의 활약에 힘입어, 벳푸는 순식간에 일본 제1의 온천 도시로 도약했다. 이를 계기로 그는 '벳푸 온천의 아버지'라는 칭호를 얻으며 현재는 벳푸역을 상징하는 동상으로 남아 지금 이 순간에도 두 팔 벌려 관광객들을 맞이하고 있다.

입욕 욕구 뿜뿜,
온천 마크의 탄생

오늘날 지도와 일본 내 온천 간판에 쓰이는 온천 마크(♨)는 1884년, 일본 육군참모본부 육지 측량부가 측량한 오사카 지방 지형도에 최초로 등장했다. 당시 지도에는 온천을 비롯해 관공서를 나타내는 마크 등 총 295개의 기호가 등장했는데, 이때 그려진 것들 중 상당수가 오늘날에도 사용되고 있다.

그런데 공식적인 자료에 등장한 게 1884년일 뿐, 실제로는 훨씬 오래전부터 온천 마크가 존재했다. 일설에는 앞서 소개한 아부라야 구마하치가 온천 마크를 만들었다는 이야기도 있으나, 이는 신빙성이 없다고 여겨진다. 물론, 그가 3개의 김이 모락모락 피어오르는 온천 마크를 자신 및 직원 명함, 유니폼에 넣어 적극적으로 알린 것은 틀림없는 사실이지만 말이다.

그렇다면 일본 내에서 가장 설득력을 얻고 있는 설은 무엇일까? 1661년 3월 25일, 에도평정소(오늘날의 일본최고재판소)가 농민들 간의 토지 분쟁을 해결하기 위해 내린 판결문에 삽입된 그림 지도 속 이소베 온천磯部温泉(군마현)에 2개의 온천 그림이 있었다고 한다. 전문가들의 판단에 따르면, 이 그림 지도에

이 마크는 그저 씻는 곳에 쓰이는 것이 아니라
'온천'에만 사용할 수 있다.

등장한 것이 일본 온천 마크로, 이소베 온천에서는 이를 활용
해 '일본 최초의 온천 마크 고장'으로 지역 홍보에 힘을 기울
이고 있다.

　하지만 온천 마크가 일본 온천의 상징이 되기까지는 많은
시련이 있었다. 1930~40년대 아부라야 구마하치를 비롯해 여
러 온천업자가 직원 유니폼과 간판에 온천 마크를 넣었으나,
1945년 패전 이후 풍속점(윤락업소)과 유흥 시설을 긴 목욕 시설
이 함부로 온천 마크를 간판으로 쓰면서 마크 본연의 이미지

가 훼손되는 일이 발생했다. 이에 1976년, 일본온천협회는 더 이상의 가치 훼손을 막고자 해당 마크를 온천의 공식 기호로 지정했고, 이후 일본 정부도 온천법에 의거해 현 마크를 '온천의 상징'으로 하는 규정을 마련했다.

목욕 후에는 단지 우유, 그렇다면 온천욕 후에는?

어느 정도 나이가 든 세대라면, 가족 손을 잡고 대중목욕탕에 들러 깨끗이 몸을 씻은 후 목욕탕 앞 슈퍼마켓에서 가운데가 불룩한 플라스틱 단지에 담긴 우유 한 병 사 마셨던 추억이 한 번쯤 있을 것이다. 이는 일본

사람들도 마찬가지라서, 온천욕을 끝낸 후 시원한 음료 한 잔으로 갈증을 해소한다.

이때 일본인들은 라무네나 사이다, 시원한 우유 등으로 갈

증을 푼다. 그런 가운데 온천 도시 벳푸에는 온천 여행객을 위한 '음료'가 있으니, 그 이름 하여 '목욕 후 전용 음료湯あがり専用飲料'.

용량은 200밀리리터, 맛으로 말하자면 평범한 사과 맛이다. 겉으로 봤을 땐 별 것 아닌 듯 보이나 '목욕 후 전용 음료'라는 타이틀 때문인지 씻고 난 후에 마시는 재미가 쏠쏠하다. 단 이 음료는 오이타현에서만 한정 판매되므로 다른 지방에서는 찾아볼 수 없다.

온천에서 유카타 입는 방법

여행 중에 들르는 료칸이나 온천에는 실내 활동복 형식으로 제공되는 유카타浴衣가 있다. 이 또한 입는 방법이 있어서 사전에 숙지해두면 도움이 된다.

1) 옷자락 끝이 복사뼈에 닿을 정도의 길이가 적당하다. 만약 사이즈가 맞지 않는다면 프런트에 요청해 몸에 맞는 것으로 교환하면 된다.

2) 유카타는 속옷을 입은 채 착용한다.

3) 왼쪽 섶이 앞으로 오게 입는다.

4) 오비(유카타를 고정하는 허리띠)의 경우 여성은 허리에, 남성은 골반 부근에 오게 하여 묶는다.

5) 옷자락을 가지런히 정리한다.

6) 지정된 곳에서만 착용한다. 숙소에 따라서는 식당이나 복도 등에서 유카타 착용을 금지하기도 한다.

입욕 시 주의 사항

1) 온천탕에 들어가기 전에는 따뜻한 물을 몸에 끼얹어 땀과 때를 씻어낸다. 몸에 물을 끼얹는다는 의미에서 가케유かけ湯라 불리는 이 행위는 단순히 몸을 깨끗이 하는 것뿐만 아니라 뜨거운 온천수에 몸을 적응시키는 과정이기도 하다. 따라서 심장에서 가장 먼 부위에서부터 물을 끼얹도록 하자.

2) 탕에 들어가기 전, 머리카락이 물에 닿지 않도록 머리를 단정하게 묶는다(여성의 경우. 머리 긴 남성도 해당).

3) 입욕 전후 몸을 씻을 때는 작은 의자에 앉는다(서서 씻지 않는다).

4) 탕 속에 수건을 담그지 않는다.

5) 몸에 문신이 있는 사람은 간혹 온천 및 목욕탕 입욕을 거절당하는 경우가 있다.

'장어의 침상'처럼 좁아요, 일본의 전통 가옥

다다미 크기에 따라 면적이 정해진 일본 전통 가옥

고즈넉한 전통 가옥과 인파로 분주한 상점가, 사원이 어우러진 교토는 일본인의 정신적 수도다. 세계문화유산과 국보가 즐비한 거리에는 크고 작은 전통 가옥이 줄지어 서 있어 장관을 이룬다. 그런데 이 가옥들 상당수는 현관이 좁고 안으로 길게 뻗은 구조를 취하고 있다. 이 모습이 흡사 장어가 사는 좁은 바위틈과 닮았다 하여, 교토의 전통 가옥을 '장어의 침상うなぎの寝床'이라고도 부른다.

아니, 기왕 짓는 거 가로 세로 균형을 잘 맞춰 짓지, 어떤 이유로 이렇게 현관을 좁게 낸 걸까? 입구를 좁게 내야 복이 온다는 믿음이라도 있었던 걸까?

1902년 이전의
일본 거리와 가옥들

    정답은 바로 세금! 전국시대, 교토와 오사카 일대에서는 집
현관 폭(일반 가옥의 현관 폭이 3간三間으로, 5.4미터에 해당)을 정해놓고,
이를 넘으면 초과하는 길이만큼 세금을 더 내야 했다. 때문에
주민들은 정면(현관) 폭을 좁게 내는 대신 안으로 길게 뻗은 집
을 지어 세금 징수를 피했다.

집,
자연환경에 적응하다

과거 현대 할 것 없이, 많은 일본 주택은 기초를 닦고 토대를 얹어 그 위로 기둥을 세우고 대들보를 끼운 다음 버팀목으로 형태를 맞추는 재래 공법으로 짓는다. 기둥과 기둥 사이로 미닫이문과 창을 여럿 두는 한편, 건물을 높게 지어 통풍구를 확보한 이 건축 공법은, 여름의 무더위와 장마철의 높은 습도 때문에 찜통에 들어간 듯한 착각에 빠지는 일본에서는 최선의 선택이었다. 또한 잦은 지진으로 집이 와르르 무너져 내리는 것을 방지하고자 최대한 많은 기둥을 세워 건물에 가해지는 하중을 분산하는 데에도 재래 공법만 한 게 없었다.

한편 지붕 구조에도 생활의 지혜가 깃들었다. 보통 가옥을 덮는 지붕의 형태로는 건물 위에 가파른 삼각형 지붕이 이어진 기리즈마切妻 양식과 꼭대기에서 네 방향으로 지붕면이 갈라진 요세무네寄棟 양식, 이 두 양식이 혼합된 이리모야入母屋 양식 등이 있다. 그중 기리즈마 양식은 가파른 경사면으로 인해 눈이나 비가 지붕에 고이지 않고 바닥으로 떨어진다. 때문에 강수량이나 적설량이 많은 지역에서는 기리즈마 양식을 취

적설량이 많은 시라카와고의 가옥.
기리즈마 양식 지붕이 특색이다.

한 주택을 쉽게 찾아볼 수 있다.

일본인의 선택, 다다미

짚 냄새가 짙게 코끝을 두드리는 다다미疊 바닥에 고타쓰火燵를 놓은 후 귤 한 상자 가져다놓고 이리로 뒹굴, 저리로 뒹굴하는 순간, 일본인들은 진한 행복을 느낀다.

다다미는 접다[다타무疊む]라는 동사에서 파생된 단어로, 710년경 당나라에서 전래된 것으로 추측하는 돗자리다. 전래 당시에는 귀족들이 연회를 열 때 땅바닥에 깔던 돗자리로 쓰이다 가마쿠라 시대에 이르러 '고온다습한 기후에 적합한 바닥재'로 인정받으며 주택에 깔리기 시작했다. 다만, 신분에 따라 깔 수 있는 두께가 제한된 데다 일반 서민은 거들떠볼 수도 없는 가격대로 인해 상당 기간 다다미는 일부 상류층의 전유물이었다.

그러다 16세기 후반, 다다미 깔린 다실에서 차를 즐기는 다도 문화가 인기를 끌었다. 힘 좀 쓴다는 세력가와 상인은 앞다

다다미를 깔고
침대를 올린 료칸의 화양실

투어 개인 다실에 다다미를 깔고 앉아 풍류를 읊었다. 그랬던 것이 에도 시대 중엽에 이르러 상황이 변했다. 집에 다다미를 깔고 생활하던 지방의 무사들이 다이묘를 수행하고자 에도에 상경해 머물던 집에도 다다미를 깔았고, 이를 본 에도의 서민들도 따라 하기 시작한 것이다.

상류 문화로 인식되던 다다미를 본 서민들이 무사들을 따라 자신의 집에도 다다미를 깔자 자연스레 수요가 증가했다. 이에 발맞춰 동네 길목마다 다다미 판매점이 생겼고, 다다미의 원료인 '골풀'을 재배하는 전문업자도 대거 등장했다. 이렇게 수요와 공급이 맞아떨어지면서 커다란 시장이 확보되자 값싼 다다미의 대량 공급도 이루어졌다. 그 결과 도시에 거주하는 서민들의 집에서 쉽게 다다미를 찾아볼 수 있게 되었고, 메이지 시대에는 일반 농가에도 다다미가 확산하며 일본인이 가장 아끼는 바닥재가 되었다.

서일본의 전통 가옥이
동일본의 전통 가옥보다 넓은 이유

이렇듯 오랜 시간에 걸쳐 일본인의 생활 깊숙이 스며든 다다미는 바닥재 기능뿐만 아니라 넓이를 재는 척도로도 널리 활용되었다. 지금도 일본의 료칸에서는 객실의 크기를 표시할 때 6조니 10조니 하는 표현을 쓰는데, 이것은 다다미 6장짜리, 10장짜리 방을 뜻한다(조じょう는 다다미畳를 세는 단위다). 즉 다다미의 수가 방의 면적을 가리키는 것이다. 그런데 다다미라고 해서 규격이 다 같은 것은 아니다.

다다미는 크기에 따라 교마京間와 에도마江戸間, 주쿄마中京間, 단치마団地間* 로 나뉜다. 지역에 따라 까는 종류도 달라서 서일본에서는 교마, 도쿄를 비롯한 간토 지역에는 에도마를 놓았다. 그런데 교마를 깐 방과 에도마를 놓은 방은 같은 '다다미 6장짜리 방'이라 표기해도 실면적에서 차이를 보인다. 이는 교마와 에도마의 크기가 달랐기 때문이다.

역사학자들은 이 둘이 다른 크기를 갖게 된 배경으로 두 지역의 역사와 문화적 차이를 언급한다. 교토와 오사카를 위시한 간사이 지역이 일본 경제·정치의 중심지 역할을 한 아즈치모모야마 시대에는 다다미 면적에 맞춰 집을 짓는 게 일반적이었다. 그리고 이 기준에 맞춘 다다미를 교마라고 불렀다.

반면, 에도 시대에 등장한 에도마가 교마보다 작은 것은 에도(도쿄)의 지독한 주택난과 연관돼 있다. 도쿠가와 이에야스는 에도에 막부를 연 후 지방 세력을 견제하기 위해 정치, 문화, 경제 등 지배에 필요한 모든 힘을 중앙(에도)에 집중했다. 이와

---

* 이 중 주쿄마는 아이치현, 기후현, 미에현 등에서 쓰는 다다미로, 크기는 교마와 에도마 중간이다. 단치마는 1980년대, 아파트가 보급이 확대되면서 아파트 바닥에 깔린 다다미로, 함께 나열한 다다미 중에서 가장 좁다.

다다미의 종류와 크기		
	다다미 1장의 크기	다다미 6장(6조)의 면적
교마	191.0×95.5cm	10.94m²(3.31평)
에도마	176.0×87.8cm	9.27m²(2.8평)
주쿄마	182.0×91.0cm	9.93m²(3.0평)
단치마	170.0×85.0cm	8.67m²(2.62평)

함께 에도는 급격한 인구 증가세를 보였다.

가파른 인구 증가에 따른 부작용은 상상을 초월했다. 집이 없어 오늘날의 고시원 격인 나가야라는 쪽방에 대가족이 모여 사는 경우가 부지기수였고, 돈을 가진 사람도 땅이 없어 집을 못 짓고 발만 동동 구르는 일이 비일비재했다.

때문에 공간 확보가 절실했던 에도에서는 구입한 땅에 맞춰 집을 지은 후 실내 구조를 채우는 게 일반적이었다. 즉, 이미 지어진 집 면적에 맞춰 다다미를 깐 탓에 다다미 크기를 줄일 수밖에 없었다. 그 결과 '다다미 6장짜리 방'이라 해도 교마가 적용된 방이 에도마가 적용된 방보다 실면적이 넓다.

온돌이 없는 일본의 집,
혹독한 겨울을 견딜 방법은?

고온다습한 여름철에 살아남기 위해 일본인들은 집을 지을 때 통풍에 중점을 두었다. 다다미를 바닥에 깐 것은 말할 것도 없고 방과 방을 나누는 것도 흙벽 대신 쇼지障子라 불리는 미닫이문을 활용했다. 이는 바람이 불어오는 방향에 맞춰 문을 여는 것으로 통풍을 확보하기 위함이었다.

그러나 통풍에 주안점을 두고 집을 지은 나머지 겨울만 되면 찾아오는 맹렬한 추위에 속수무책으로 떨 수밖에 없었다. 그리하여 사람들은 실내에 난방 기구를 설치해 겨울에 적응해 나갔다. 그중 하나가 이로리囲炉裏다. 실내 바닥을 네모나게 판 다음 한복판에 화로를 놓은 형태의 이 물건은, 사극에 단골손님으로 등장하는 주요 난방 기구다.

이로리의 등장으로 칼바람 부는 날이나 함박눈 쏟아지는 날이면 온 가족이 옹기종기 이로리 주변에 둘러앉아 밥을 먹거나 담소를 나누는 일상이 펼쳐졌다. 그러나 이로리에서 발생한 연기가 외부로 잘 배출되지 못한 탓에 집 안에는 늘 짙은 그을음과 뿌연 연기가 남았다.

일본의 전통적인 난방 기구
이로리

때문에 유탄포湯たんぽ라는 보온 물주머니를 안고 생활하기
도 했다. 하지만 이 또한 추위를 해결하는 궁극적인 해결책이
되지 못했다. 이때 등장한 것이 고타쓰였다.

이로리에 꺼져가는 탄을 넣은 다음, 그 위에 노(실, 삼, 짚 등을
꼬아 만든 줄)로 엮은 사각형 틀을 씌운 후 두꺼운 이불을 덮은 데
서 기원한 고타쓰는 오랜 시간 겨울철 난방 도구 역할을 해왔

쇼지를 통해 통풍을 확보한
일본의 가옥

고타쓰가 놓인 방에서 놀이를 즐기는 여인들을
묘사한 스즈키 하루노부의 우키요에

다. 그러나 석탄과 연탄을 주 연료로 사용한 탓에 고타쓰 안에 들어가 잠이 들었다 일산화탄소 중독으로 사망하는 사례가 속출했다.

이 때문에 1970년대에 전기 고타쓰가 등장했다. 콘센트에 전기 코드를 꽂기만 하면 열이 들어오는 전기 고타쓰는 등장과 함께 엄청난 인기를 누렸고, 이와 함께 고타쓰에 몸을 넣은 채 감귤 까 먹으며 오손도손 이야기를 나누거나 텔레비전을 시청하는 것이 일본인들의 '겨울 일상 풍경'으로 자리매김했다.

욕실 따로 변소 따로,
일본의 가정집

에어비앤비와 같이 개인의 집이나 방이 여행자들의 쉼터로 각광받기 시작하면서 여행자들이 현지인의 생활상을 엿볼 수 있는 기회가 늘어났다. 이때 한국과 달리 욕실과 변소가 따로 분리되어 있는 집에서 묵어본 경험을 한 사람이 꽤 있을 것이다. 그리 큰 집도 아닌데, 왜 그런 것일까?

앞서 언급한 대로, 일본은 고온다습한 나라다. 때문에 여름철에는 잠시 외출하는 것만으로도 땀범벅이 되기 일쑤다. 그렇다 보니 일과를 끝낸 후 욕조에 몸을 담그는 것으로 하루 종일 얻은 피로와 찌든 때를 벗겨내는 문화가 일상화되었다. 또한 습한 기후는 건축 설계에도 영향을 미쳤다. 습기를 줄이고자 창문을 여럿 내면서 통풍 문제는 해결했으나 겨울철만 되면 곳곳에서 불어오는 세찬 바람으로 인해 집 안에서도 오들오들 떠는 게 일상 다반사였다. 그래서 사람들은 체온을 높이기 위해 욕조에 따뜻한 물을 받아 몸을 담그곤 했다.

이렇듯 일본 사람들에게 목욕이란 척박한 환경에서 살아남기 위한 생존 방법이었다. 아울러 긴장의 끈을 놓을 수 없는 압력 밥솥 같은 사회에서 얻은 피로를 푸는 동시에 느슨해진 마음을 다잡는 신성한 행위이기도 했다. 따라서 몸과 마음을 가다듬는 욕조와 냄새나는 변기를 한 공간에 두는 것은 바람직하지 못한 일이었다. 그러니 욕실과 화장실을 따로 두게 된 것이다.

이런 구조는 서양식 건축물인 아파트(일본에서는 맨션이라고 한다)에 적용된 경우도 많다. 그러나 일본의 모든 집이 그런 것은 아니고, 욕조와 변소가 한 공간에 마련된 맨션도 적지 않다.

음식으로 만든
성이 있다?

일본의 대표 건축물, 성의 모든 것

가파른 성벽과 망루, 우뚝 솟은 천수각이 있는 성城은 검을 찬 사무라이, 화려함으로 치장한 게이샤와 더불어 일본을 대표하는 역사적 자산이다.

전국시대, 일본에는 작은 성곽과 요새를 포함해 2만 개가 넘는 성이 있었다고 한다. 그러나 에도 시대에 이르러 막부가 지방 다이묘 세력을 견제하는 차원에서 한 국가*에 하나의 성만 남기고 전부 철거하도록 하는 일국일성령一国一城令을 시행함

---

* 에도 시대 일본은 전국을 막부가 다스리는 직할지와 다이묘가 다스리는 260여 곳의 번藩으로 나눴다. 이때 번은 다이묘가 통치권과 조세권, 징집권을 행사하는 지방분권제 국가의 성격을 지녔다.

으로써 200여 개의 성만 남았다. 19세기 말에는 근대화를 주창한 메이지 정부가 폐성령廃城令을 발표하면서 그나마 남아 있던 것들도 거의 다 철거되었다.

그러다 20세기 중후반, 지방자치단체들이 도시 복원과 관광 진흥 차원에서 하나둘 복구에 돌입해 지금은 200여 곳이 옛 모습을 회복했다. 이렇게 되살아난 성을 통해 학자들은 옛 사람의 삶을 좇고, 일반 시민들은 성벽과 망루, 돌계단을 눈에 담으며 선조들의 지혜를 가늠한다.

성을 짓자!
나와바리

측량술이 전무하던 시절에는 성을 짓기에 앞서 대규모 인력이 기다란 끈을 당겨 토지 면적을 측정했다. 끈의 끝을 당긴다는 의미에서 나와바리縄張り라 부른 이 측정법은, 이후 설계 전반을 뜻하는 의미로 통용되기 시작했다.

대략적인 측정이 끝나면, 다이묘는 주민들을 동원해 성을 지었는데, 방어 기지와 같은 주요 건물이 완성되면 성벽과 해

자로 이를 둘러쳤다. 하루가 멀다 하고 전쟁이 발발하던 시기, 다이묘들은 적의 침공을 막기 위해 험준하고 가파르게 성벽을 쌓는 한편, 성벽으로 구획을 나눴는데 이를 구루와曲輪라 불렀다.

한편, 성은 주변의 자연환경과 지형에 따라 산성, 평산성, 평성, 수성의 네 가지로 나뉜다.

산성山城은 말 그대로 산 지형을 활용하여 쌓은 것이다. 험준한 산악 지형과 두터운 성벽이 조화를 이룬 산성은 방어에 탁

월한 이점을 지녔다. 이로 인해 전쟁이 끊이질 않던 전국시대에는 산성이 각광받았다. 하지만 적을 피해 산 중턱에 지은 탓에 병력 이동과 물자 수송에 한계를 드러내기도 했다. 현존하는 산성으로는 오이타현 다케다竹田의 오카성岡城과 오카야마현 빗추타카하시備中高梁의 마쓰야마성松山城 등이 있다.

높은 평지나 언덕에 쌓은 성은 평산성平山城이라 불렀다. 산성과 마찬가지로 산을 활용하긴 하나 평지와도 맞닿은 것이 특징인 평산성으로는 일본의 대문호 나쓰메 소세키夏目漱石의 소설 〈도련님〉의 배경이자 도고 온천이 있는 에히메현 마쓰야마에 있는 마쓰야마성松山城과 모모타로의 전설이 살아 숨 쉬는 오카야마현 오카야마에 있는 오카야마성岡山城 등을 꼽을 수 있다.

이어서 평지 위에 지은 평성平城이 전국시대부터 대규모로 등장했다. 하루 간격으로 전쟁이 발발할 정도로 혼란하던 시기, 적의 침략을 생각하면 언덕이나 산에 성을 세우는 게 합리적이나, 대규모 군대를 조속하게 출정시키는 데는 평성만 한 게 없었다. 그리하여 영주들은 앞다투어 평성을 세웠고 그 대신 성 주변에 높은 성벽과 해자(인공수로) 등 다양한 방어 시설을 설치해 적의 침략에 대비했다.

산성을 대표하는 오이타현 다케다의 오카성.
지금은 터만 남아 있다.

그런 다음, 성 주변에 마을을 조성했다. 이를 '성 아래에 있
는 마을'이라 하여 성하마을(조카마치城下町)이라 불렀고, 이 지역
에 무사 저택과 상가, 공방 등이 들어섰다. 그리고 이들 마을과
외곽의 항만, 다른 도시를 잇는 도로를 정비하여 물자 운송에
도 힘을 기울였다. 이렇게 성장한 마을 중 몇몇은 오늘날의 도
시와 흡사한 형태와 규모를 갖췄다.

평산성의 하나인
오카야마성의 천수각

대표적인 수성인 가가와현
다카마쓰성의 모형

평성의 대표 주자로는 세계문화유산으로 지정된 효고현 히메지성姬路城과 크고 웅장한 오사카성大阪城, 화려한 외관이 일품인 나고야성名古屋城 등이 있으며, 17세기 이후에 세워진 평성은 '방어'보다 '통치 기능'을 강조하며 천수각과 주변 시설을 화려하게 세웠다.

마지막으로, 성 일부나 전체가 바다나 강을 낀 채 해자와 성벽을 설치한 성은 수성水城이라 한다. 성을 둘러싼 바다와 강이

오사카성 앞을 흐르는 호리. 성 가장 외곽에 판 호리를 소토보리外堀,
그 뒤에 2차 방어선 형태로 판 것을 우치보리內堀라고 한다.

1차 방어막이 되어주는 수성은 적군에게 있어 난공불락과 같았다. 또한 대규모 인원이 물이 있는 곳까지 가서 물을 끌어와 인공수로(해자)를 채워야 했던 평성과 달리, 수성은 성과 맞닿은 바다나 강에서 물을 끌어오면 됐기 때문에 노동력도 절감할 수 있었다. 오늘날까지 남은 수성으로는 오이타현의 나카쓰성中津城과 가가와현의 다카마쓰성高松城, 에히메현의 이마바리성今治城이 있다.

성벽에서 천수각까지,
성 내의 시설들

성 내에는 다양한 시설이 존재했다. 먼저, 적의 침입을 막기 위해 성 주변으로 깊게 땅을 판 다음 물을 채운 인공수로 호리堀가 있다. 그리고 호리 주변으로 길게 늘어선 성벽은 시대에 따라 쌓는 방식이 달라졌다. 건축 기술이 발전하지 못한 14세기와 15세기 초까지는 자연석을 차곡차곡 쌓아 올린 노즈라즈미野面積み 쌓기로 지은 성벽이 대세였다. 원시 형태에 가까운 이 방식은, 쌓기는 쉬웠으나 돌과 돌 사이에 틈이 많아 적군이 이

를 밟고 성 내에 침입하는 일이 비일비재했다. 그 결과 전쟁이 자주 발생한 전국시대에는 대부분 자취를 감췄다.

이어서 등장한 것은 우치코미 쌓기打込み接ぎ로 지은 성벽이었다. 이 방식은 돌과 돌 사이에 생긴 틈을 줄이고자 접합 부분을 가공한 돌로 벽을 쌓은 것이 특징이다. 하지만 이 또한 돌과 돌 사이에 틈이 존재했다. 이런 한계를 극복하는 과정에서 벽돌처럼 잘 다듬은 인공석으로 성벽을 쌓은 기리코미 쌓기切込み接 방식이 등장하며 성의 방어력을 끌어올렸다.

한편 일부 지역에서는 적군이 성벽을 타고 기어 올라오는 것을 막기 위해 성벽을 다소 비스듬하게 세웠는데, 이를 '경사석벽'이라 부른다. 또한 성벽 사이사이에 총구와 대포를 둘 수 있는 구멍을 마련해 적의 공격에 대비했다. 아울러 성벽 주변으로는 야구라櫓라는 망루를 설치했다. 이곳에 배치된 군사들은 적군의 동태를 살피는 한편, 전시에는 화살이나 총을 발사하여 적의 침입을 막았다.

성벽 안에도 방어 시설이 이어졌다. 2~3차 방어선 및 성의 중심부인 혼마루本丸를 지키는 역할을 한 산노마루三ノ丸와 니노마루二ノ丸가 그 주인공으로, 이 공간들 또한 외벽 못지않게 높이 쌓은 성벽으로 둘러침으로써 적군의 침입을 막았다.

이시카와현 가나자와성의 성벽.
반듯한 담이 기리코미 쌓기 방식, 오른쪽이 우치코미 쌓기 방식이다.

에히메현 마쓰야마시 마쓰야마성의
경사 석벽

한편 혼마루에는 고텐御殿이라 해서 다이묘의 생활공간이자 정무 공간이 존재했다. 그 주변에는 일본의 성 하면 가장 먼저 떠오르는 천수각天守閣을 세웠다. 전국시대의 다이묘들은 성내 최종 방어 기지인 천수각에서 최후의 항전을 벌였다. 때문에 이 시기에 지어진 천수각들은 굉장히 가파르고 험준했다. 또한 실내로 침입하는 적을 막기 위해 삐걱대는 소리가 나도록 복도 바닥을 설계하거나, 가쿠시헤야隠し部屋라 해서 밖에서는 보이지 않는 숨은 방을 두는 등 다양한 방어 장치를 갖췄다.

원래부터 있던 천수각, 새롭게 복원된 천수각

오늘날 일본 성 하면 으레 떠오르는 뾰족한 천수각. 그런데 이들 상당수는 현대에 이르러 새롭게 복원된 것으로, 그 복원 방식에 따라 천수각의 종류가 나뉜다. 옛 문헌과 역사적 고증을 바탕으로 복원한 성을 '복원 천수', 천수각을 예전 모습과 다르게 복원한 것을 '부흥 천수', 원래는 천수각을 갖지 않았으나 복원 과정에서 새롭게 세운 것을 '모의 천수'로 구분한다.

12개 남은 현존 천수 중 하나인
오카야마현 빗추타카하시의 마쓰야마성

한편, 축성 당시의 모습을 고스란히 간직하거나 보수 및 복원을 거쳤다 해도 그 작업 시기가 에도 시대였던 천수각은 '현존 천수'라 한다. 마쓰야마성과 고치성高知城 등 전국에 12개밖에 남지 않은 이들 현존 천수는 역사적으로도 상당한 가치를 지닌 것으로 평가받는다.

한편 상비군 개념이 없던 16세기 초엽까지만 해도 다이묘들은 농한기에 영지민들을 소집해 전쟁을 일으켰다. 그리고 봄이 오면 군대를 해산해 그들을 집에 돌려보냈다. 그러나 세력 각축전이 심화한 전국시대 말기에 이르러서는 하나둘 상비군을 두기 시작했고, 이에 따라 짧게는 몇 주간, 길게는 몇 개월간 지속되는 장기전이 벌어지곤 했다. 그러자 다이묘들은 장기 농성에 대비해 성 내에 우물을 여럿 파 식수를 확보하는 한편, 식량 창고를 크게 지었다. 또한 보존 식량 개발에도 힘을 쏟아, 이 과정에서 기상천외한 식량 저장법들이 탄생했다.

그중 하나가 한국에도 잘 알려진 역사적 인물인 구로다 간베에黑田官兵衛(1547~1604) 부자의 이야기다. 세키가하라 전투(1600) 당시 동군(도쿠가와 이에야스 측)에 가담한 구로다 요시타카(간베에), 나가마사 부자는 공적을 인정받아 후쿠오카성에 입성했다. 이후 이들은 성 내에 여러 방어 시설을 지었는데, 그중에 다몬야구라多聞櫓라는 망루가 있다. 그런데 이 망루의 벽은 대나무로 지은 것이라고 한다. 이는 전쟁 발발 시 대나무로 화살을 만들고, 나아가 대나무를 말린 고사리로 엮어 비상식량으로 쓰기 위함이었다.

히고국(지금의 규슈 구마모토현)의 다이묘 가토 기요마사加藤清正

고구마 줄기로 다다미를 엮었다고 전해지는
구마모토성 혼마루고텐

는 임진왜란 때 울산성 전투에서 조명(조선·명) 연합군에게 포위당해 지독한 굶주림을 경험했다. 훗날 일본에 돌아와 구마모토성을 세울 때 조선에서 겪은 참혹한 배고픔을 잊지 않던 가토는, 성 내에 120개가 넘는 우물을 파는 동시에 곳곳에 은행나무를 심었다. 또한 고구마 줄기로 다다미를 엮어 유사시에 비상식량으로 쓰려 했다. 실제로 그가 다다미에 엮은 고구마 줄기는 세이난 전쟁(1877) 당시, 구마모토성에서 농성하던 정부군이 비상식량으로 활용했다는 이야기가 전해진다.

게이샤가 새하얗게
화장하는 이유

게이샤, 게이코, 마이코… 알면 알수록 복잡한 일본 전통 예능인 세계

예나 지금이나 아름다움을 추구하는 사람들의 열망은 한결같다. 반면, 시대에 따라 아름다움의 기준은 크게 변해왔다. 가령, 최근 일본 사회는 오랜 시간 인기를 누린 갸루 ^{ギャル} 스타일을 대신해 한류 메이크업이 화제를 모으고 있다.

검은 화장법에서
새하얀 화장법으로

그렇다면, 수백 년 전 사람들은 어떤 화장을 선호했을까? 에도

우키요에 화가 우타가와 구니사다의 1823년경 작품,
〈오하구로 화장을 하는 여성〉

시대에는 지금 관점에서는 상상조차 힘든 화장법이 유행했다. 치아를 까맣게 물들이는 오하구로お歯黒[*] 화장법이 바로 그 주인공으로, 당시 상류층 여성과 접대여성들 사이에서 인기를 끌었고 궁내에서 일하던 남성들도 따라 할 정도였다.

이 화장법이 유행하게 된 것은 당시의 열악한 위생 상태와 관련 있다. 제대로 된 양치질과 의료 기술이 부재했던 시기라 사람들의 치아 상태는 엉망이었고, 이에 고르지 않은 치열과 충치를 숨기기 위한 방편으로 등장한 게 오하구로였다.

한편 '게이샤'라 불리는 예술인들은 얼굴을 새하얗게 칠하는 오시로이おしろい 화장으로 얼굴을 꾸몄는데, 이런 화장은 이들의 직업과 연관이 있다. 흔히 게이샤를 성적인 접대를 하는 여성으로 여기곤 하는데, 사실 이들은 노래와 시가, 춤에 능한 종합 예능인으로, 매일 밤 손님 앞에서 구성진 노랫가락과 화려한 춤사위를 자랑했다. 그런 그들에게 공연은 일상이자 작품이었고, 최선을 다해야 한다는 사명감이 존재했다. 하지만 '어둠'이라는 요소가 이들의 공연을 방해했다.

무릇 공연이라 함은 악기를 능숙하게 다루거나 화려한 춤

---

[*] 1871년 단발령과 함께 사라지기까지 여성들 사이에서 크게 유행했다.

사위를 보이는 데 그치지 않고, 풍부한 표정과 깊은 감정선으로 청중과 소통하는 것이다. 그러나 전기 조명이 없던 시절, 해가 지면 실내가 어둑해지며 이들의 표정이 잘 드러나지 않은 것이다. 이에 얼굴을 새하얗게 분칠하여 어둠 속에서도 표정과 감정이 드러나도록 했다. 그리고 오늘날까지 이런 전통이 이어지면서 지금 이 순간에도 새하얀 화장에 화려한 기모노를 입은 예술인들이 교토 거리를 수놓는다.

게이샤? 마이코?
오이란?

흔히 게이샤芸者라 하면 새하얀 화장을 하고 기모노를 입은 여성을 떠올리는데, 정확히 말하자면 남성 예술인도 게이샤에 포함된다. 이 용어 자체가 예능인이라는 뜻을 갖기 때문이다. 따라서 대중이 인식하는 여성 예능인, 다시 말해 교토 기온 거리에서 만날 수 있는 이들은 게이코芸子라 부르는 게 맞다.

정식 게이코가 되려면 엄격한 수련이 필요했는데, 그 첫 번째 단계는 시코미仕込み다. 부모의 허락을 받은 동시에 오카상

출근하는 마이코들을 볼 수 있는
교토의 기온 거리

おかあさん(어머니라는 뜻이나 게이코 업계에서는 가게 주인을 뜻한다)의 추천을 받은 12~13세(지금은 15세 이상) 여자 아이들은 1~2년 동안 게이코와 마이코 등이 머무는 숙소인 오키야置屋에서 허드렛일을 했다.

그 후 수습생인 마이코舞妓가 되는데, 짧게는 5년, 길게는 10

교토의 게이코가
공연을 하고 있다.

년 이상 악기 연주와 무용을 익히는 데 힘을 쏟는 동시에 게이
코들이 쓰는 말과 예법도 공부했다. 이후 오카상으로부터 게
이코로 올라갈 실력이 되었다 인정받은 이들은 에리카에襟替え
라는 승급 행사를 거쳐 정식 게이코가 되었다(현재도 수련 과정은
비슷하다).

이와 달리 몸을 팔아 생계를 잇던 여성들은 유녀遊女라 불렀다. 그중 막부가 공인한 '유곽'*에서 일하던 매춘부들을 오이란花魁이라 불렀다. 이들도 앞서 언급한 게이코와 마찬가지로 악기 연주와 무용, 시가에 능했다. 또한 가무로禿라고 부르는 어린 몸종을 두어 생활 전반을 보조케 했다.

다만, 오이란이라 해서 아무나 상대하는 건 아니었다. 이들은 고급 매춘부로서, 고관대작이나 무사들만 고객으로 받았다. 화대도 엄청나서, 한 번 만남을 갖는 데 현재 가치로 환산하면 500만 엔(약 5,000만 원) 이상을 지불해야 할 때도 있었다. 그럼에도 불구하고 이들의 인기는 상상 그 이상이었다.**

그래서 서민 남성들은 오차야お茶屋라 불리던 유곽과 쓰보네미세局見世라 불리는 집창촌에 들락거렸다. 특히 오차야는 사람이 몰리는 지방 거점 도시와 항구 마을에서 번성했다.

게이코와 오이란은 기모노를 입는 방법으로 구별할 수 있었다. 기모노의 매듭(오비おび)을 뒤로 한 이들은 게이코, 매듭을

---

* 에도 막부가 인정한 공식 유곽은 요시와라吉原였다. 다만, 지역의 거점이 되는 길목에 들어선 유곽에서도 암암리에 매춘이 존재했다.
** 높은 화대를 받았지만 실질적으로 오이란이 손에 쥐는 돈은 얼마 되지 않았다. 또한 유녀 중 상당수는 어린 시절 인신매매로 팔려왔기 때문에 이동 제한은 물론이고 30대가 되어서도 유곽을 벗어나지 못하는 등 일상생활에 있어 큰 제약을 받았다.

앞에서 지은 이들은 오이란일 확률이 높은데, 후자가 기모노 매듭을 앞으로 둔 이유는 잠자리를 가질 때 옷을 쉽게 벗기기 위함이었다고 한다.

서양 인상주의 화가들이
반한 도자기 포장지

굴곡진 삶을 살다 스스로 생을 마감한 빈센트 반 고흐Vincent van Gogh는 후기 인상주의 화풍의 거장으로 손꼽힌다. 〈별이 빛나는 밤〉, 〈자화상〉, 〈해바라기〉 등 그가 살아생전 남긴 수많은 걸작은 오늘날에도 많은 사랑을 받고 있다. 그런 그의 작품 세계에 큰 영향을 미친 그림이 있으니, 바로 에도 시대 서민들의 일상을 담은 일본의 풍속화 '우키요에'다.

새침한 표정과 날카로운 인상의 군상들을 그린 우키요에는 미술관과 박물관에 전시되는 데 그치지 않고 광고, TV, 길거리에서도 쉽게 만나볼 수 있을 만큼 생활 깊숙이 파고들어 있다. 이렇듯 일본 어디에서나 접할 수 있는 이 그림의 등장 시기

〈가나가와 해변의 높은 파도 아래〉.
JR패스에도 그려져 있는 대표적인 우키요에 작품이다.

는 서민 문화가 잉태된 에도 시대 중엽으로 거슬러 올라간다.

전국시대의 혼란한 세상을 살던 화가들은 속세와 거리를 두려는 마음을 담은 자연화에 심취했다. 반면, 안정된 사회 분위기에서 해상 교통망이 확충되고 지역 간의 거래가 증가한 에도 시대에는 가부키, 분라쿠, 스모 등 서민 문화가 발전한 한편, 이를 즐기는 민중의 삶을 그린 민화가 인기를 끌었다.

아울러 나가사키 데지마에 머물던 네덜란드 상관의 영향으로 난학蘭学(네덜란드를 중심으로 한 서양을 연구하던 학문)이 확산하는 과정에서 서양화 기법이 소개되었고, 19세기에는 서양화 기법의 영향을 받은 민화가 등장했는데, 이를 우키요에浮世絵(속세를 그린 그림)라 불렀다.

부유층의 그림 달력이
서민들의 전시품이 되기까지

초창기 우키요에는 스미즈리에墨刷り絵라는 단색 목판화가 주를 이뤘다. 그러던 것이 네덜란드와 중국 등 외국에서 들여온 화려한 사치품의 영향을 받아 다색 판화로 찍어낸 작품이 주류로 떠올랐다.

다색 판화로 찍는 우키요에는 세분화된 작업을 요했다. 그림 한 장을 완성하는 데 여러 명의 손을 거쳐야 했다는 의미다. 시장 조사 및 그림을 구상하는 한편 판매까지 도맡은 기술 영업자 한모토版元를 시작으로, 우키요에시浮世絵師로 불리는 화가와 이들이 그린 그림을 목판에 새기는 일을 하던 호리시彫師(목판 기술자), 그리고 목판에 색을 입혀 종이에 찍어내던 스리시摺師 등 여러 전문가가 모여 '우키요에 팀'을 구성했다.

그러나 아무리 뛰어난 기술자와 능력을 확보했다 한들 수요가 없으면 아무 소용 없는 법. 풍부한 색채와 화려함으로 무장한 우키요에는 부유층 사이에서 촉발된 경쟁 심리에 힘입어 큰 발전을 이뤘다. 에도 시대 중엽, 경제적으로 여유가 있는 사람들 사이에서 우키요에로 꾸민 달력인 에고요미絵暦가 유행했다. 이들은 우키요에 업자에게 기호에 맞는 그림 달력을 주문 제작한 다음, 완성된 달력을 지인들에게 배부하며 자신의 재력과 미적 감각을 뽐냈다. 이런 과시가 가열되자 덩달아 우키요에 산업도 호황을 이뤘다.

하지만 유행은 그리 길지 않았다. 늘 새로움과 특별함, 짜릿함을 추구하는 부유층은 얼마 안 가 다른 과시거리를 찾아 나섰고 눈치 빠른 몇몇 인쇄업자는 서둘러 우키요에 산업에서 손을 뗐다. 그런 가운데 일부 업자는 손을 털려는 업자로부터 헐값에 에고요미 전용 목판을 구입한 후 대량으로 그림을 찍어 서민들에게 싼값(현재 시세 300~400엔)에 판매했다.

상류층 문화로 치부되던 귀한 그림이 싼 가격에 시장에 풀리자 가진 자들의 삶을 동경하던 서민들은 너나없이 우키요에

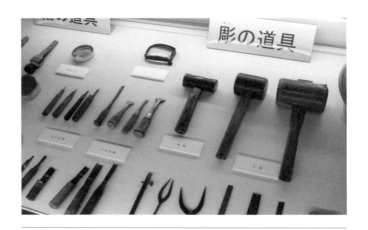

우키요에
작업 도구들

에도 시대의 우키요에 판매점
(오스 우키요에 박물관 재현)

를 구입해 집에 걸어뒀다. 또한 단신부임자가 인구 상당수를 차지하던 에도에서는 우키요에로 표현한 춘화春畵가 인기를 끌기도 했다.

도자기보다
유명해진 포장지

16세기, 명나라 징더전景德鎭(중국 장시성江西省 북동부에 있는 도시)은 세계 제1의 도자기 생산지로 명성이 자자했다. 동남아와 서남아 각국은 물론이고 포르투갈과 네덜란드 등 유럽 상인들도 이곳에서 대량으로 도자기를 구입해 자국 부유층들에게 비싼 값에 판매했다.

그러나 17세기 중엽 명나라가 멸망하자 징더전은 폐쇄됐다. 하루아침에 도자기 구입처를 잃은 상인들은 새로운 생산지를 찾아 나섰고 이들의 레이더망에 포착된 곳이 일본이었다.

이 무렵 일본에는 임진왜란 때 조선에서 납치돼 온 조선인 도공들이 지역 각지에 배치되어 도자기를 빚었다. 특히 한반도와 인접한 규슈 사가현의 이마리伊萬里와 아리타有田, 가라쓰

唐津 지역에 끌려온 도공들은 다이묘의 아낌없는 지원을 받으며 연일 가마에 불을 지폈다. 이에 주목한 유럽 상인들이 일본에 다량의 도자기를 주문했다. 사가현에서 생산된 도자기들은 육로로 이마리항까지 옮겨져 네덜란드 상관이 머물던 나가사키 데지마로 향하는 상선에 선적되었다. 때문에 이들 도자기는 '이마리야키伊万里燒'라는 이름으로 알려졌다.

다만 도자기 수출 초기에는 유럽인들이 원하는 무늬를 넣어 제작하는 데 그쳤다. 그러다 어느 정도 시간이 흐르고 유럽인으로부터 도자기 기술을 인정받으면서 조선인 도공의 손길과 일본의 미美가 혼합된 도자기가 유럽 전역으로 퍼져나갔다.

한편 도공들은 선적에 앞서 파손을 우려해 도자기 바깥과 속을 종이로 감쌌는데, 19세기 중엽부터는 우키요에를 넣은 종이를 쓰기 시작했다. 그러자 유럽의 호사가들 사이에서 도자기만큼이나 우키요에가 화제를 모았다. 이윽고 1867년에는 파리 만국 박람회에 우키요에를 출품, 관람객들에게 큰 호평을 받았다. 동양과의 직접적인 교류가 전무하던 시기, 강렬한 색채와 심플한 듯하면서도 정교한 붓 터치가 돋보이는 우키요에는 유럽의 귀족층뿐만 아니라 일반 시민들에게도 큰 인기를 끌었고, 이후 사회 곳곳에서 일본 문화 전반에 대한 관심이 생

모네의 작품
〈기모노를 입은 카미유〉

겼다.

　이 같은 움직임과 함께 유럽에서는 일본을 소개하는 책이 불티나게 팔렸고 여유가 있는 자들은 일본을 방문하기도 했다. 이에 발맞춰 일본 문화와 사회를 연구하는 지식인도 등장했다. 이렇게 형성된 관심이 오늘날 한국에도 소개된 바 있는 '자포니즘'이다.

인상주의의 거장들이 사랑한 그림,
우키요에

이런 흐름 속에서 우키요에는 후기 인상주의 화가들 사이에서 '열광'에 가까운 인기를 끌었다. 그중 한 명이 앞서 언급한 빈센트 반 고흐였다. 이 밖에도 〈수련〉으로 유명한 클로드 모네Claude Monet는 작업실 전체를 우키요에로 가득 채웠고, 에드가 드가Edgar De Gas와 에두아르 마네Edouard Manet도 우키요에의 구조와 색채, 배치를 참고하여 작품을 그려냈다고 알려져 있다.

　또한 유럽을 대표하는 작곡가 중 한 명으로 손꼽히는 클로드 드뷔시Claude Debussy는 에도 시대의 대표 우키요에 화가 가

쓰시카 호쿠사이葛飾北斎가 그린 〈가나가와 해변의 높은 파도 아래〉라는 작품에서 영감을 받아 교향시 〈바다〉를 작곡하며 우키요에의 인기에 방점을 찍었다.

일본의 취준생은
유니폼을 입는다

일본인의 제복 사랑은 남다르다. 유치원생부터 사립초등학교 학생, 중고교생은 물론, 취업 준비생과 회사원들에 이르기까지 많은 이들이 제복을 입는다.

일본 최초의 제복은 1879년 근대화 정책의 일환으로 설립된 신식 국립학교 가쿠슈인学習院이 채택한 교복으로 알려져 있다. 복장으로 인해 발생하는 학생들 간의 갈등을 없애기 위해 도입한 제복은 이후 관공서에서도 널리 활용되었다.

이후 고도 경제 성장기로 대표되는 1950~60년대, 직업이 다양화하는 과정에서 유니폼 착용을 의무화하는 기업이 늘었다. 여성이 다양한 업종에 진출하는 과정에서 여성 전용 제복도 인기를 끌었는데, 일례로 일본 유명 관광지에서는 단정한 유니폼을 입고 한 손에 깃발을 든 채 관광객을 인솔하는 여성 가이드들의 모습을 쉽게 찾아볼 수 있다.

제복으로 드러내는
'우리는 하나'

일본에서 2008년에 출간된 《코스프레: 어째서 일본인은 제복을 좋아하는가?コスプレ: なぜ日本人は制服が好きなのか?》는 제복에 열광하는 일본인의 심리를 세세히 분석한 책이다. 이 책의 저자 미타무라 후키코三田村蕗子는 일본인들이 제복을 통해 큰 소속감을 느낀다고 주장한다. 여기서 말하는 소속감이란 단순히 '단체'에 속함으로써 얻는 안정감에 그치지 않고, 단체를 향한 긍지도 포함한다.

제복을 입음으로써 생기는 소속감은 일본 특유의 집단주의 문화와 일정 부분 관련이 있다. 한반도에서 막강한 힘을 가진 왕을 중심으로 한 중앙집권제가 일찌감치 뿌리내린 것과 달리, 일본 열도에서 덴노天皇라 불리는 일왕은 군림은 하되 통치

교복을 입은
일본 초등학생들

권은 갖지 않던, 상징적 존재였다.

대신 각 지방의 다이묘들이 독자적인 세력을 갖고 영지 내에서 일정한 정치력을 행사했다. 그리고 이들 중 특출한 힘을 가진 자가 막부를 구성하여 일본 전역에 영향력을 떨쳤다. 그러나 막부 세력이 약화될 때면 호시탐탐 기회를 엿보던 지방 다이묘들이 일제히 들고 일어났다.

실제로 15세기 후반, 무로마치 막부室町幕府(1336~1573)의 통치력이 약화되자 전국 각지에서 다이묘들이 지역 패권을 차지하기 위해 크고 작은 전쟁을 벌였다. 전국시대라 부르던 이 시기, 잦은 전쟁으로 혼란이 지속되는 가운데 다이묘들은 적대 세력과의 결전에 대비해 내실을 다졌다. 성곽과 관문 등 방어 시설을 확충하는 한편, 주민들의 이탈을 막기 위해 사원을 중심으로 결속을 도모한 것이다.

주민들 또한 살아남기 위해 자기들끼리 똘똘 뭉쳤다. 가령, 농번기나 재해가 발생했을 때에는 내 일처럼 서로를 도왔다. 마을의 화합과 평안을 기원하는 축제 '마쓰리'에도 적극 참여했다. 다른 마을과 함께 어우러지는 축제에서는 같은 마을 일원임을 드러내기 위한 복장을 준비하기도 했다. '반드시 참여해야 한다.'는 법적 규제는 없었으나 집단 행사에 참여하지 않는 것은 고립을 의미했기에 좋든 싫든 집단에 충실해야 했다. 불만이 있어도 드러내지 않아야 했으며, 남의 눈에 띄는 행동을 자제해야 했다. 불만을 말하거나 남의 눈에 띄는 행동을 하는 순간 집단 전체에 피해를 주게 되고, 모두에게 배격 당할 수 있으므로, 조직의 분위기를 읽는 한편 살아남기 위해 나를 누르고 사회에 맞춰가는 '집단의식'을 발휘하게 되었다.

이런 태도는 오늘까지 이어진다. 흔히 일본인이 '개인주의 성향이 강하다.'라 말하지만, 이는 어디까지나 소속된 단체와 사회에 피해를 주지 않을 정도의 '개인주의'에 국한할 뿐, 그 누구보다 집단을 의식하고 튀는 것을 두려워한다. 실제로 엄격한 교칙이 있는 중고등학교에 다니는 학생들은 본인의 개성과 취향을 드러내기 위해 교칙을 어기지 않는 범위에서 가방에 작은 액세서리를 단다.

장인정신과 자부심

도쿠가와 막부의 성립 이후 열도는 안정을 되찾았다. 막부는 지방 다이묘들의 세력을 견제하기 위해 경제, 문화, 정치의 권한을 에도에 집중시켰고, 그 과정에서 전국적인 유통망이 확립되었다.

이에 상품경제가 꽃을 피웠다. 양조업, 염색업, 제염製鹽업, 포목업, 출판업 등 전국으로 유통되는 '상품'을 생산하는 가내수공업 공장이 생겨났다. 특히 양조업이 발달해 전국 각지에 양조장이 우후죽순으로 들어섰다.

상품경제가 확립되자 공장에 들어가 기술을 배우려는 일반

서민들이 급격히 늘어났다. 이 시기 서민들의 삶이란 다이묘
의 엄격한 통제로 인해 평생을 여행 한 번 못 다닌 채 농사꾼
으로 살다 가는 것이었다. 때문에 이들은 보다 자유로운 삶과
안정, 그리고 부를 얻고자 전국을 떠도는 상인 집단 혹은 공방
에 들어가 기술을 배우고자 했다.

　업자들 입장에서도 안정적인 상품 공급을 위해서는 젊은 인

력의 확보가 필수적이었다. 이에 업자들은 젊은이들에게 숙식을 제공하면서 기술을 가르쳤다. 동시에 이들에게 소속감을 심어주기 위해 가게의 문양이 새겨진 의복을 제공했다.

이렇게 공방에 들어간 젊은이들은 허드렛일부터 차근차근 단계를 밟아 경력을 쌓았다. 그러다 어느 정도 능력이 생기면 본가(소속된 공방이나 상인 가문)에서 독립해 본인만의 공방을 꾸렸다. 그렇다 해서 본가와의 인연이 끊어지는 건 아니었다. 독립 후에도 지속적으로 본가와 밀접한 관계를 유지했다. 특히 본가에서는 장인이 독립할 때 본가에 걸려 있던 노렌暖簾을 내걸 수 있는 '허가권'을 내주었는데, 이를 노렌와케暖簾分け라 불렀다. 이런 과정에서 자연스레 소속감과 유대감이 형성되었고, 그 정신이 오늘날까지 이어져 일본인들은 제복과 회사 배지에 큰 자부심을 갖는다.

취준생에게도 제복이?
리쿠르트 슈트!

매년 3월 1일, 일본에서는 졸업 예정 대학생들의 취업 활동이

기업 설명회에 참석한 취준생들.
리쿠르트 슈트를 입고 있다.

시작된다(일본에서는 학기와 시무 모두 4월에 시작해 3월 말에 끝난다). 이
때 취업 준비생(이하 '취준생')들은 마이나비マイナビ와 리쿠나비リク
ナビ 등 거대 취업 사이트가 주최하는 기업 설명회에 참가하는
한편, 희망하는 기업의 입사 시험에 응시하기 위해 동분서주
한다. 짧게는 1개월, 길게는 1년까지 이어지는 이 시기, 취준생
들의 복장은 너 나 할 것 없이 검은색 양복으로 통일돼 있다.

보기에 따라서 촌스럽고 답답하게까지 느껴지는 이 정장을
리쿠르트 슈트リクルートスーツ라 부른다. 1976년, 대학생활협동조

합(여러 대학 생협의 연합단체)이 "취업 활동을 할 때 입을 옷이 마땅치 않아 걱정이다."라는 학생들의 의견을 수렴해 신주쿠의 이세탄 백화점과 협력하여 정장을 출시했다. 이세탄 백화점에서는 이 정장에 '리쿠르트 슈트'라는 이름을 붙인 후 한 벌당 2만 9,000엔에 판매했다. 웬만한 정장 한 벌에 5만~6만 엔씩은 하던 시절, 저가로 출시된 리쿠르트 슈트는 판매 개시 일주일 만에 1,000벌이 팔릴 정도로 인기를 얻었고, 이후 다른 업체들도 '리쿠르트 슈트'라는 이름의 취업용 정장을 출시하며 일본 대학 취준생들의 필수 아이템이 되었다.

그런데 이 시기 리쿠르트 슈트의 색상은 남색이 주류로, 검은색은 찾아보기 힘들었다. 그랬던 것이 버블 경제 침체기가 지속되면서 사람들의 주머니가 가벼워지자 취업 활동에 그치지 않고 직장에 출퇴근할 때나 관혼상제에도 입을 수 있는 검은색 리쿠르트 슈트가 주목받기 시작했다. 여기에, 취업 경쟁이 과열되면서 기존의 남색 계열 대신 단정해 보이는 검은색이 나아 보인다고 취준생들이 생각한 것도 리쿠르트 슈트 색상이 검은색으로 자리 잡게 하는 데 한몫했다.

한편, 취업 활동 중에는 정장뿐만 아니라 구두, 가방, 머리 스타일 또한 취준생에 걸맞게 갖추는 것이 요구된다. 화려한 정장에 고가의 가방을 든다거나 짙은 화장과 염색을 한 채 기업에 방문할 경우 '취업의 기회를 제공해주는 기업에 대한 예의가 없다.'거나 '취업에 진지하게 임하지 않는다.'라는 인상을 줄 수도 있기 때문에 남들과 비슷한 복장으로 취업 활동에 임하게 되는 것이다.

그러나 이런 관습적인 복장 규제가 젊은이들의 개성을 억누른다는 지적 또한 적지 않다. 때문에 최근 많은 기업에서는 '기업 설명회 및 면접 시 복장 자유'라는 조건을 내걸기도 하나 취준생들은 좀처럼 리쿠르트 슈트를 벗지 못한다. 주변 눈치를 보고 눈에 튀는 행동을 자제해야 하는 일본 사회의 정서를 고려할 때, 앞으로도 리쿠르트 슈트는 사라지지 않을 것 같다.

일본 초등학생들의 필수품, 란도셀

란도셀

1995년 겨울, 큰이모가 사는 오사카에 방문한 아홉 살 한국 아이에게 택시의 자동문만큼이나 신기하게 다가온 건 다름 아닌 일본 사립 초등학생들의 복장이었다. 코끝이 얼 것처럼 추운 날씨에 반바지 교복을 입고 등하교하는 것도 신기했지만, 이들이 멘 큼직하고 묵직한 가방 '란도셀'에서 눈을 떼지 못했다.

군장 배낭이
학생 가방으로

란도셀ランドセル. 오늘날 일본 초등학생들의 필수품으로 자리매김한 이 물건이 일본 사회에 처음으로 등장한 것은 지금으로부터 160여 년 전, 에도 막부가 서양식 군제를 도입하는 과정에서 군인들의 배낭으로 네덜란드에서 들여온 란셀ransel(네덜란드어로 '백팩'을 의미)에서 비롯했다. 이후 일본인들에게 '란도셀'이라 발음된 이 배낭은, 1887년 우리 역사의 원흉인 이토 히로부미伊藤博文에 의해 존재감을 높였다.

그는 왕세자(훗날의 다이쇼 일왕)의 가쿠슈인 초등부 입학 선물로 란도셀을 주었고, 이후 상류층을 중심으로 '왕세자가 메는 귀한 가방'이라는 입소문을 탔다. 이에 돈 있고 힘 좀 세다는 사람들 사이에서 자식과 조카들에게 값비싼 란도셀을 사주는 것이 유행으로 자리 잡게 되었다.

이렇게 '란도셀=초등학생이 메는 가방'이라는 인식이 확산하자 3년 후인 1890년, '모든 란도셀은 검은 가죽으로 만든다.'라는 규칙이 생겼고, 1897년에는 세로 1척尺 1치寸(33.33센티미터), 가로 1척 5푼分(31.8센티미터), 폭 2치 5푼(7.56센티미터)과 같

초등학교 교실에 놓인
란도셀들

이 '크기'도 정해졌다.

하지만 이런 '유행'에도 불구하고 란도셀은 높은 가격으로 인해 대중의 일상 깊숙이 스며들지는 못했다. 게다가 1940년 대에는 일본 군부가 피혁으로 만들던 란도셀을 징발 품목으로 지정하면서 그나마 있던 것도 사라질 위기에 처했다. 그러나 1960년대에 이르러 고도 경제 성장과 함께 국민소득이 큰 폭으로 향상되면서 일반 가정의 부모들도 자녀에게 란도셀을 선물하기 시작했고, 현재는 초등학생이라면 응당 가지고 있어야 하는 '필수품'이 되었다.

각지고 무거운 란도셀,
가격도 무겁다

1960년대 초까지만 해도 란도셀은 쇠가죽으로 만들었다. 때문에 개당 무게가 1,600그램에 이르러 아이들에게는 큰 부담이 되었다. 그러다 1967년, 가볍고 튼튼한 인조 가죽으로 재질이 바뀌면서 무게가 1킬로그램 이하로 줄었다. 그러나 큰 폭으로 줄어든 무게와 달리 가격은 여전히 비쌌다. 대학을 졸

업하고 국가 공무원이 되면 월급을 80,500엔 받던 1970년에 란도셀 가격은 10,000엔을 웃돌았다. 50년이 지난 현재에도 50,000엔(정말 저렴한 건 10,000엔으로도 구입 가능)은 주어야 쓸 만한 것으로 구입할 수 있다. 이렇게 높은 가격대를 비롯해, 여전히 부담스러운 무게로 인해 불만의 소리도 적지 않았다.

이렇게 무거운 데 비해 가방에 넣을 수 있는 책이 몇 권 되지 않는다는 것도 란도셀의 약점 중 하나였다. 2010년, 국가의 교육 방침에 따라 A4 사이즈(210×297밀리미터)로 교과서를 만들며 란도셀 크기도 이에 맞춰 커지긴 했으나 그럼에도 여전히 수납 능력은 아쉽다. 이 때문에 '꼭 란도셀을 메야 하나, 다른 가방은 안 되나?'라는 불만의 목소리도 끊이질 않는다. 하지만 한 번 구입하면 6년간 품질 보증이 되다 보니 장기적으로 봤을 때에는 매년 가방을 바꾸는 것보다는 6년간 하나만 쭉 메는 것이 경제적으로 이득이라는 판단으로, 지금 이 순간에도 초등학교 입학을 앞둔 자녀와 손주를 둔 부모와 조부모들은 아이 손을 잡고 예쁜 란도셀을 사러 간다.

란도셀의 날

3월 21일은 란도셀의 날이다. 3과 2와 1을 더하면 초등학교 수학 연수인 6이 되기 때문이다.

연말연시만 되면
줄 서는 이유

거리 여기저기서 "징글벨 징글벨" 캐럴이 울려 퍼지는 성탄절
이 되면, 일본인들은 편의점이나 KFC 등에서 파는 프라이드
치킨과 케이크를 구입해 소중한 사람들과 함께 먹는다. 동시
에 시내 곳곳에 자리한 복권 판매소 앞은 최대 당첨금 10억 엔
에 달하는 '점보 복권'을 구입하려는 이들로 장사진을 이룬다.
물론 레스토랑과 술집도 각종 송년회로 북적이며, 거리를 수
놓은 화려한 일루미네이션이 연말 분위기를 띄운다.

연말연시에는
꼭 한다!

연하장 또한 빼놓을 수 없는 연말연시 문화다. 예전만 못하다고는 하나 여전히 많은 기업이 거래처와 손님들에게 연하장을 돌리며, 일반 시민들도 가까운 사람에게 손수 쓴 연하장을 보낸다. 이 때문에 연말이 되면 주요 문구점과 우체국은 예쁜 연

일본에서는 여전히
연말연시에 연하장을 보낸다.

하장을 구입하려는 이들로 붐비는 한편, 수십억 장의 연하장이 일본 전역을 떠돈다.

한편, 일본우편주식회사日本郵便株式会社(한국의 우정사업본부에 해당)가 발매하는 연하장 아래에는 오토시다마お年玉(세뱃돈)라는 번호가 적혀 있다. 1월 중순에 일본우편주식회사가 이 번호를 추첨하는데, 여기서 당첨된 세뱃돈 번호가 적힌 연하장을 가진 이는 이후 우체국에 들러 소정의 상품과 교환할 수 있다.

이윽고 12월 31일 저녁이 되면 도시코시 소바年越しそば라는 면 요리를 먹는다. 매해 마지막 날, 일본인들은 '소바처럼 가늘고 길게 살아라.' 혹은 '지난 한 해의 나쁜 기운을 끊어내자.'라는 의미에서 도시코시 소바를 먹는다. 지역마다 사람마다 해 먹는 방식이 천차만별이지만, 뜨거운 국물에 면을 넣고, 그 위에 덴푸라(튀김)를 올려 먹는 게 일반적이다.

이후 밤이 깊어지면 가족들끼리 TV 앞에 모여 NHK에서 방영하는 홍백 가합전을 본다. 홍백 가합전이란 매

소바처럼 길게 살기를, 지난해의 나쁜 기운을 끊어내기를 기원하며 먹는 도시코시 소바

년 12월 31일에 방영되는 일본 최대 방송국 NHK의 공연 프로그램으로, 일본의 인기 가수들이 홍과 백, 두 팀으로 나뉘어 공연하는 것을 상당수 국민이 시청하며 '한 해가 저무는 것'을 느낀다.

새해 첫날에는
목 줄 선다

다음 날, 드디어 새해가 밝으면 사람들은 하쓰모우데初もうで(새해 첫 참배)를 하기 위해 옷을 챙겨 입고 집 근처 신사로 향한다. 매년 1월 1일, 시내의 크고 작은 신사 입구에는 하쓰모우데를 하려는 이들이 이룬 대기열이 이어진다. 짧게는 수십 분, 길게는 한 시간 이상 줄을 서서 기다리다 사당으로 이동해 기도를 올린 사람들은 이후 오미쿠지おみくじ라는 '새해 운세' 제비를 뽑아 길흉을 점친다. 이때 좋은 내용이 적혀 있으면 본인이 간직하고, 좋지 않은 점괘가 나온 경우에는 신사 한쪽에 제비를 묶어둠으로써 나쁜 기운을 떨쳐낸다. 나아가 가족 전원의 건강과 행복, 안전 운전을 기원하며 오마모리おまもり라는 부적도 구입한다.

또한 매년 1월 2일 오전에도 일본인들은 줄을 선다. 대다수 백화점과 쇼핑몰은 1월 2일부터 새해 첫 영업을 개시한다. 이때 판매자(백화점, 쇼핑몰) 측은 하쓰우리初売り라 부르는 새해 첫 세일을 실시한다. 적게는 10퍼센트, 많게는 60~70퍼센트 이상 할인 판매하는 이 시기, 이른 아침부터 백화점과 쇼핑센터 앞은 코끝이 새빨개진 채로 개점을 기다리는 이들로 북적이는 진풍경이 펼쳐진다.

새해의 상징으로 빼놓을 수 없는 것이 '후쿠부쿠로 상품'이다. 새해 첫 영업에 맞춰 각 가게와 매장에서는 큰 주머니(봉투)에 여러 상품을 넣어 저렴하게 내놓는데, 이를 복이 든 주머니라는 뜻을 가진 '후쿠부쿠로福袋'라고 부른다.

새해에 발맞춰 소비자들은 평소 좋아하던 브랜드의 제품을 싸게 살 수 있는 '후쿠부쿠로'를 구입하기 위해 개점 한두 시간 전부터 가게 앞을 서성인다. 단, 일찍 들어가서 물건을 집었다 해도 100퍼센트 만족하는 건 아니다. 주머니 속에 넣는 상품이 무작위인 탓에 고객이 원하지 않는 것이 들어 있는 경우도 많기 때문이다. 이로 인해 불만을 토로하는 목소리가 높아지자, 사전에 내용물을 확인할 수 있는 후쿠부쿠로를 판매하

좋지 않은 점괘가 나온 제비는
신사 한쪽에 묶어둔다.

후쿠부쿠로 상품(위)과
이를 구입하기 위해 상점 앞에 줄을 선 사람들(아래)

거나 고객이 고른 상품을 후쿠부쿠로 식으로 판매하는 가게가 최근 늘어났다.

이렇듯 연초부터 일본인들의 마음을 들뜨게 하는 후쿠부쿠로 문화는 언제부터 시작되었을까? 안타깝게도 정확한 시점은 아무도 모른다. 다만 에도 시대, 대형 포목점이었던 에치고야 越後屋(1673년에 창업한 상점. 미쓰코시 백화점으로 유명한 미쓰이 그룹의 전신)가 재단 후에 남은 옷감을 봉투에 넣어 판매한 데서 시작되었다는 설이 유력하다 추측할 뿐이다. 어쨌든 에도 시대 후기에 몇몇 대형 포목점을 중심으로 상품을 묶어 파는 문화가 등장했고, 1907년에 쓰루야 포목점(현 마쓰야)이 정식으로 후쿠부쿠로를 출시한 것, 1911년에는 이토 포목점(현 마쓰자카야松坂屋)이 개당 50원의 가격으로 다카라바코多可良函라는 이름의 후쿠부쿠로를 내놓는 등 여러 포목점이 백화점으로 변화하는 과정에서 등장했다는 사실은 확실한 증거에 의해 확인할 수 있다.

도쿄 대중목욕탕에 후지산 그림이 있는 연유

에도 시대, 수도 에도에는 대중목욕탕인 센토錢湯가 생겼다. 이들 대중목욕탕은 단순히 서민들이 목욕하기 위해 찾는 장소에 그치지 않고, 화재 진압의 목적도 지녔다. 이 시기 시내에 지어진 건축물 대다수는 목조 건물로, 화재가 발생했다 하면 큰 피해로 번지기 일쑤였다. 따라서 센토는 마을에 불이 나면 화재 진압용 용수를 끌어다 쓰는 소방 시설로도 널리 이용되었다.

한편 에도 시대 중엽까지 6문文이었던 입욕 요금은 후기에 이르러 8문으로 올랐으나 당시 꼬치당고 하나가 4문, 노점에서 팔던 소바 한 그릇이 16문이었던 걸 생각하면 상당히 저렴한 수준이었다. 이렇게 싼 요금 덕에 더욱 많은 서민이 센토를 이용하게 되었고, 언제부턴가 사람들의 일상 속 한 부분으로 자리매김했다. 당시의 생활상을 표현한 우키요에 작품에도 종종 센토에서 목욕을 즐기는 서민들의 모습이 등장했을 정도다. 또한 19세기 중엽, 흑선黑船(유럽에서 만들어진 대양 항해용 대형함)을 타고 와 일본에 개항을 요구한 미국의 페리 제독이 일본 센토의 혼욕 문화*에 충격을 받았다는 기록도 남아 있다.

남탕에 들어오는
여자들

일본 여행 중 대중목욕탕을 이용할 때 남탕에 여성 직원이 들어와 청소를 하는 바람에 당황한 이들이 적지 않다. 지금이야 많이 줄었으나 현재에도 적잖은 대중목욕탕에서 남탕에 여성 직원이 들어간다. 오래전에는 그러려니 했으나 최근에는 불쾌함을 느끼는 이들이 적지 않아졌고, 이 문제가 인터넷상에서

---

* 1890년 '아동이라도 7세 이상일 경우 혼욕을 금지한다.'는 법이 제정되면서 혼욕 대중탕이 사라졌다.

대중 목욕탕의 반다이는 요금 징수와 목욕 용품 대여,
탕 내 청소 등을 맡은 직원이 지키는 자리였다.

뜨거운 화두로 떠오르기도 했다.

　이런 반발에도 불구하고, 일본 법에 의하면 여성 직원이 남
탕에 들어와 청소하는 행위는 아무런 문제가 안 된다. 그렇다
한들 다른 성이 이용하는 공간에 아무렇지도 않게 들어와 청
소를 하는 건 받아들이기 힘들다. 대체 이런 관습은 어디서 비

롯했을까? 정확한 계기나 시기는 알 길이 없지만, 몇몇 학자는 센토 고유의 반다이 문화에서 비롯한 것이라 추측한다.

에도 시대, 골목 곳곳에 들어선 센토에는 요금 징수와 목욕 용품 대여, 탕 내 청소, 손님들 간의 갈등 중재 등을 담당하는 자리, 반다이番台가 존재했다. 센토 입구 바로 뒤, 여탕과 남탕을 한눈에 들여다볼 수 있는 위치에 마련된 반다이는 이후 이곳을 지키는 직원을 부르는 명칭으로도 쓰였는데, 이들은 수시로 탕을 살피며 청소와 정리를 책임졌다.

19세기부터 20세기 중반까지 반다이 직원 대다수는 여성이었고, 사람들은 여성 반다이가 남탕에 들어와 청소를 해도 크게 신경 쓰지 않았다. 규모가 큰 목욕탕에서는 자연스레 반다이가 아니면서 청소와 정리를 전담하는 여성 직원들도 생겼는데, 이들도 자연스럽게 남탕에 들어가 청소했다.

하지만 세월이 흐르며 남탕에 여성 직원이 들어와 청소하는 것에 불쾌함을 느끼는 이들이 늘었다. 이에 최근에는 많은 목욕탕이 여탕에는 여성 직원, 남탕에는 남성 직원이 들어가 내부를 청소하게 하고 있다.

일본 국민 목욕 바가지,
케로린 바가지

일본 대중목욕탕이나 슈퍼 온천(목욕탕 외에 미용, 식당 등 다양한 시설을 갖춘 현대적 온천 시설)에는 케로린ケロリン이라는 글자가 쓰인 노란색 플라스틱 바가지가 있다. 일본인들이 '대중목욕탕 풍경'을 떠올릴 때 세 손가락 안에 언급하는 이 바가지는 1963년에 등장했다.

당시 도키와상사睦和商事라는 광고 회사의 영업사원이었던 야마무라 가즈야키山浦和明가 홋카이도 노보리베쓰 온천登別温泉에 놓여 있던 목욕탕 바가지에 온천 상호가 쓰여 있는 걸 보고, 입욕 바가지에 광고를 삽입해 상품을 홍보하는 방식을 떠올렸다. 이후 그는 판로 확대를 노리던 나이가이약품주식회사内外薬品株式会社에 "상품 광고를 삽입한 목욕탕 바가지를 전국 목욕탕에 보급할 것"을 제안했다.

지금이야 전국에 2,500곳도 안 남았지만 한때는 1만 8,000곳 이상 존재했던 대중목욕탕은 제품을 자연스럽게 노출할 수 있는 최적의 광고판이었다. 게다가 같은 시기 일본 목욕 업계에서는 습기에 약해 곰팡이가 피곤 하는 나무바가지를 대신해

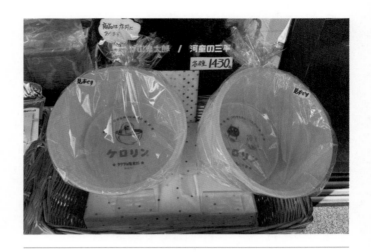

케로린 바가지는 이제 다양한 콘텐츠를 홍보하는 수단이 되기도 했다. 사진은 유명 만화 〈게게게의 기타로〉와 컬래버레이션하여 만화에 등장하는 캐릭터가 그려진 케로린 바가지다.

플라스틱 바가지를 목욕탕에 두기 시작했고 이에 나이가이약 품주식회사의 상품인 케로린(해열진통제)을 홍보하는 케로린 바가지는 도쿄역 야에스八重洲 방향 출구에 있던 대중목욕탕 도쿄온천東京温泉을 시작으로 일본 전역에 300만 개 이상 보급되었다.

현재도 매년 4만 개에서 5만 개의 케로린 바가지가 대중목욕탕과 온천에 납품된다. 아울러 케로린 바가지가 등장하는

데 한몫한 노보리베쓰 온천을 비롯해 몇몇 온천과 목욕탕에서
는 케로린 바가지를 관광 상품으로도 내놓았다.

지역에 따라 목욕탕 바가지
크기가 다른 이유

한편, 동일본 목욕탕과 서일본 목욕탕에 있는 케로린 바가지
는 그 크기가 다르다고 한다. 먼저 도쿄를 포함한 간토 지역에
놓인 'A형' 바가지가 직경 225밀리미터, 높이 115밀리미터,
무게 360그램인 데 비해 오사카를 위시한 간사이 지역에 보급
된 'B형' 바가지는 직경 210밀리미터, 높이 100밀리미터, 무게
260그램으로 A형 바가지보다 작고 가볍다.

이는 동일본과 서일본 목욕탕의 구조 차이에서 비롯했다.
목욕탕 중앙에 샤워기를 비롯해 몸을 씻는 공간을 두고 구석
자리에 욕조를 둔 목욕탕이 주류를 이룬 동일본과 달리, 서일
본은 목욕탕 중앙에 욕조가 설치된 경우가 많았다. 때문에 동
일본에서는 샤워기로 몸을 먼저 씻고 구석에 있는 탕에 들어
가는 게 일반적이지만, 서일본에서는 탕 옆에서 바가지로 탕

의 물을 퍼서 몸을 씻어내는 게 일반적이었다. 그 결과 어린이들과 노약자들이 동일본에서 쓰는 바가지로 물을 푸기에는 다소 무겁게 느껴졌고, 이에 서일본 목욕탕에 공급하는 케로린 바가지는 크기와 무게를 줄여서 제작한 것이다.

대중 목욕탕 벽에
후지산 그림이 그려지다

1912년, 도쿄 지요다구 간다사루가쿠초神田猿楽町에 있던 기카이유キカイ湯의 2대 후계자가 목욕탕을 증축하는 과정에서 텅 빈 벽 한 쪽을 어떻게 할지 고민하다가 벽에 페인트로 후지산을 그려 넣었다.

이것이 손님들에게 호평을 얻자 이후 도쿄 시내에 있는 다른 목욕탕들도 하나둘 욕조 뒤편 벽에 후지산 그림을 넣기 시작했고, 이런 붐이 동일본 전역으로 퍼지며 현재도 오래된 목욕탕 벽에는 후지산을 비롯해 다양한 그림이 그려져 있다. 한편, 당시 기카이유 벽에 후지산을 그려 넣은 이유는 이를 그린 화가가 후지산이 보이는 시즈오카 출신이기 때문이라고 한다.

목욕탕 내부 벽에 그려진 후지산
(에도-도쿄 건물원 내 센토 고다카라유)

후지산이 목욕탕 벽에 그려 넣는 그림으로 최고 인기를 구가하는 반면, 목욕탕 벽에 그려서는 안 되는 것들도 몇 가지 존재한다. 대표적인 예가 원숭이와 일몰 풍경, 그리고 단풍이다. 먼저 일본어로 원숭이를 뜻하는 사루さる는 '떠나다'라는 뜻의 동사 사루去る와 동음이의어인 탓에 원숭이 그림을 그려 넣을

경우 '손님이 떠난다'는 의미가 되기 때문에 그리는 걸 피한다. 또한 일몰은 가업이 기우는 것을 연상케 한다는 이유로, 단풍은 적자를 의미하는 빨강과 색이 같다는 의미로 그려 넣어서는 안 될 그림으로 여긴다.

삼각김밥과 함께 성장한
일본의 편의점

음식료품을 취급함

매장 면적 30m² 이상, 250m² 이하

하루 영업시간 14시간 이상

셀프서비스 판매점

일본표준산업분류에 따른 '편의점'의 기준이다.

컨비니언스 스토어convenience store의 앞 글자를 따 콘비니コン
ビニ라 부르는 일본 편의점은, 단순히 물건 구입에 그치지 않고
계좌 이체나 현금 인출과 같은 은행 업무, 공연 티켓 예약, 대
중교통편 구입, 공공요금 납부, 택배 의뢰에 이르기까지 다양

한 업무를 맡는다.

이렇듯 일본인의 삶 깊숙이 들어온 편의점은 2022년 12월 기준 5만 5,838개의 점포를 전국에 두고 있으며, 이들이 벌어들인 총 매출액은 11조 1,774억 엔에 이른다. 점포 수의 경우 5만 6,936개를 기록한 2021년 말에 비해 소폭 감소하긴 했으나, 총 매출액은 그 전해(10조 7816억 엔)보다 증가한 것으로 나타났다. 이와 같이 수치상으로도 어마어마한 일본 편의점의 역사는 1969년, 오사카부 도요나카시豊中市에 있던 시장 다이세 스토어大成ストア의 소매점주들이 공동출자로 만든 슈퍼마켓 마미マミイ에서 시작되었다.

당시 '마미'는 1층에 식료품 매장을 두고 2층에 의료품과 잡화 코너를 설치해 손님을 맞이했다. 그리고 2년 후인 1971년에는 주류업에 종사하던 코코 스토어ココストア가 일본 최초의 '편의점 체인점'을 낸 데 이어, 1973년에는 세이유 스토어西友ストア가 사이타마현 사야마시狭山市에 패밀리마트 1호점을 냈고, 1974년에는 세븐일레븐이 도쿄 고토구江東区 도요스豊洲에 1호점을 개업했으며 다음 해 1975년에는 로손이 오사카부 도요나카시 사쿠라즈카南桜塚에 첫 점포를 열며 본격적인 편의점 시대를 열었다.

일본에서 도시화가 정점에 달하던 1970년대, 필요한 물건을 쉽게 구입할 수 있는 편의점은 대중에게 큰 인기를 끌었다. 게다가 기존 골목 슈퍼마켓보다 깔끔한 인테리어와 다양한 상품 취급으로 큰 주목을 받았는데, 이 중에 오니기리(이하 삼각김밥)와 오뎅*이 있었다. 다만, '삼각김밥은 집에서 만들어 먹는 것'이라는 고정관념이 커서인지 등장 당시에는 주목을 받지 못했다. 게다가 초창기 편의점들은 도시락과 삼각김밥을 상온 진열장에 놓은 바람에 진열 후 얼마 안 가 김이 눅눅해졌고 그 결과 소비자 만족도가 바닥을 쳤다.

그러던 어느 날, 비닐 포장 업체 더스즈키The Suzuki의 창업주인 스즈키 마코토鈴木允가 삼각김밥 겉면의 김을 필름 형태의 비닐에 싸서 김과 밥 사이를 가로막아 김이 눅눅해지는 것을 막는 포장 방식을 개발했다. 그리고 1978년, 세븐일레븐이 이 아이디어를 채용한 삼각김밥을 내놓은 것을 계기로 로손과 패밀리마트 등도 경쟁에 뛰어들었고 1983년 세븐일레븐이 출시

---

* 여기서 오뎅은 한국에서 '어묵'으로 순화한 식재료가 아니라, 어묵과 무를 비롯한 다양한 재료를 육수에 끓여 건져 먹는 음식을 가리킨다. 1979년에 세븐일레븐이 오뎅 전용 가온기를 개발한 데 이어 1982년에는 이를 모든 매장에 보급하면서 '오뎅=겨울에 먹는 편의점 음식'이라는 공식이 정형화되었다. 삼각김밥과 마찬가지로 오뎅도 집이나 식당에서나 먹던 손 많이 가는 음식이라는 인식이 강했는데, 편의점에서 동전 하나로 사 먹을 수 있게 되며 폭발적인 인기를 끌었다.

한 '참치 마요네즈 삼각김밥'(쓰나마요 오니기리ツナマヨおにぎり)은 40년 가까이 '편의점 삼각김밥'의 왕좌를 놓치지 않았다. 이와 같이 참치 마요네즈 삼각김밥을 비롯해 여러 상품이 출시된 삼각김밥은 현재의 인기에 만족하지 않고, 밥과 재료량을 늘리는 한편 '고급화' 전략을 가미한 상품도 출시하는 등 지속적인 노력으로 연간 60억 개 이상 팔리는 효자 상품으로 자리매김했다.

하지만 삼각김밥의 개당 이익은 30엔 대에 불과한 것으로 알려져 있다. 이는 편의점 커피 한 잔이 90퍼센트, 감자튀김과 고로케, 핫도그와 같은 패스트푸드가 80퍼센트에 가까운 이익률을 기록하는 것에 비하면 현저히 낮은 수치로, 이로 인해 편의점 업계는 이따금 삼각김밥을 미끼 상품으로서 100엔에 내놓는다. 그 덕에 평소라면 도시락만 샀을 고객들이 덤으로 삼각김밥을 하나씩 더 구입하면서 삼각김밥 할인 행사 기간에는 도시락과 음료수 매출도 껑충 뛴다.

편의점의 '이익 창출' 아이디어는 여기에 그치지 않는다. 많은 편의점은 실내 창가 쪽에 '서적 매대'를 두는데 이는 거리를 지나가는 사람들에게 매장이 북적거리는 인상을 주기 위함이며, 동시에 도시락 매대를 실내 구석에 설치하는 까닭은 도

紅しゃ

ふり塩製法

本体価格
130円
(税込)
(140円)

人気のおにぎり
各 100円(税込)

通常価格
(税込より)40円
紅しゃ

通常価格
(税込)14

ほんのり柚子香る

炙り
焼たらこ

本体価格
121円
(税込)
(130円)

人気のおにぎり
各 100円(税込)

通常価格
(税込より)30円お得！
炙り焼たらこ

通常価格
(税込)130円 ➔ 税込1

ネギトロ
(わさび入り)

本体価格
121円
(税込)
(130円)

人気のおにぎり
各 100円(税込)

通常価格
(税込より)30P
ネギト

紅しゃ

100円

紅しゃ

本体価格
130円
(税込140円)

糸しゃ

本体価格
130円
(税込140円)

ほんのり柚子香る
炙り
焼たらこ

本体価格
121円
(税込130円)

ほんのり柚子香る
炙り
焼たらこ

本体価格
121円
(税込130円)

ネギトロ
(わさび入り)

本体価格
121円
(税込130円)

ネギトロ
(わさび入り)

本体価格
121円
(税込130円)

本体価格
121円
(税込130円)

入り)
100円

紀州
南

시락을 사려는 손님들에게 실내에 다른 상품들도 많이 있음을
보여주기 위해서다.

고객의 나이를 가늠해야 결제가 가능한
계산기와 700엔 제비뽑기

한편, 세븐일레븐 계산기에는 '객층키'라 해서 직원이 물건을
계산할 때마다 고객의 연령을 추측해 누르도록 하는 버튼이
있다. 한국의 일부 편의점 계산기에도 존재하는 이 버튼은 한
때 세븐일레븐, 로손과 패밀리마트 등 여러 업체 계산기에 설
치되어 있었다. 편의점 측은 이 버튼을 통해 연령에 따른 선호
상품을 확인하는 한편, 계산과 함께 발급되는 영수증에 고객
연령에 맞춘 상품 홍보 선전을 넣어 판매 증진을 도모했다. 그
러나 이후 매출 진작과 통계 산출에 이 버튼이 크게 도움이 되
지 않는다고 판단한 로손과 패밀리마트가 이를 없애면서 현재
는 세븐일레븐만 유지하고 있다.

한편, 편의점 업체들은 매년 비정기적으로 '700엔 뽑기'라
는 행사를 실시한다. 행사 기간 중에 고객이 700엔 이상의 물

건을 구매하면 고객에게 제비가 들어간 상자를 들이미는데, 이때 고객이 손을 넣어 뽑은 제비에 적힌 상품을 증정한다. 하지만 최근에는 코로나19의 장기화로 인한 '감염 확산 우려'와 '물가 폭등'으로 인해 행사를 중지하거나 편의점 앱으로만 실시하고 있어 예전처럼 외국에서 온 여행자들이 이를 즐길 기회는 거의 사라졌다. 대신, 특정 상품을 하나 구입하면 무료 상품을 제공하는 행사를 대폭 확대해 700엔 뽑기를 대체하고 있다.

그런데 어째서 편의점들은 뽑기 행사 대상 금액을 700엔으로 설정한 것일까? 이는 편의점에서 물건을 구매하는 고객 1인당 평균 구매액이 600엔 중반인 것과 관계있다. 즉, 편의점 측이 '700엔 뽑기' 행사를 실시할 경우 손님들이 '행사'에 참여하고자 물건을 하나 더 구입해 매상이 올라갈 수 있는 것이다. 또한 뽑기에 쓰이는 상품은 진열대를 확보하는 한편, 상품을 선전하고자 하는 납품 회사 측이 부담하기 때문에 편의점 측은 비용을 들이지 않고도 이익을 확보하게 된다.

우체통이 있는
편의점이 있다?

2003년, 일본우정(일본 우체국 사업체로, 공기업이었으나 민영화되었다)이 우편 접수 확대를 도모하며 로손과 협약을 맺고 각 점포에 우체통을 설치한 것을 계기로, 현재는 미니스톱, 세이코 마트 등 몇몇 편의점 브랜드 점포에도 우체통이 설치되었다. 다만, 위에 언급한 모든 편의점 브랜드 점포에 우체통이 있는 것은 아니고 '유팩ゆうパック'이라 해서 '일본 우체국 택배' 서비스를 취급하는 점포에만 설치되어 있다(로손 매장이라고 해서 무조건 우체통이 있는 건 아니고 우체국 택배 서비스를 취급하지 않거나 점포가 협소하거나 혹은 여타 사정으로 설치되지 않은 경우도 있다). 단, 극히 극소수의 세븐일레븐 점포에도 우체통이 설치되어 있기는 하다. 아울러 우체통은 계산대 근처에 설치되어 있는 게 일반적이다.

지역마다 다르다,
편의점 먹거리

세븐일레븐과 로손, 패밀리마트 등 일본 대표 편의점 업체들은 전국에 점포 수를 확대하며 점유율을 높이기 위해 애쓰고 있다. 먼저, 우두머리 격인 세븐일레븐이 전국 상당수 지역에서 점포 수 1위를 차지한 가운데, 로손은 시코쿠四国와 산인山陰 지역(시마네현과 돗토리현)에서 강세를 보이며, 패밀리마트는 간사이 지역에서 편의점 점포 수 1위에 올랐다. 그리고 이례적으로 홋카이도에서는 편의점 업계 3대장이 아닌, 향토 편의점 업체인 세이코 마트セイコーマート가 점포 수 1위를 지키고 있다.

편의점 업체들이 전국 각지에서 점유율 다툼을 벌이는 가운데, 경쟁 업체보다 우위에 서고자 활용하는 전략이 바로 '지역 한정 상품'과 같이 지역성을 고려한 상품의 출시다. 가령, 패밀리마트는 후쿠오카현 기타큐슈시에 거점을 둔 우동 체인점 '쓰케산우동資さんうどん'의 감수를 받고 야키우동焼うどん을 출시했고, 세븐일레븐은 규슈 지역 한정 상품으로 돈코쓰 라멘인 '나가하마라멘長浜ラーメン'을, 홋카이도에서는 미소 라멘인 '삿포로라멘札幌ラーメン'을 팔고 있다. 또한 로손은 지역 한정 '가라

동일본에서 파는 세븐일레븐 팥빵의 팥소와
서일본에서 파는 팥빵의 팥소가 다름을 보여주는 지도

아게군'을 내놓은 한편, 오키나와에서는 '오키나와젠자이沖繩ぜ
んざい'와 함께 타코라이스를 한정 상품으로 판매한다.

한편, 같은 음식이라도 재료를 달리하여 소비자들의 입맛을
사로잡기도 한다. 세븐일레븐에서는 같은 팥빵이라도 서일본
에서 판매하는 제품에는 팥알이 하나하나 씹히는 쓰부앙粒餡

을 팥소로 넣고, 동일본에서 판매하는 제품에는 잘 으깬 팥소인 코시앙漉し餡을 넣는다. 이는 서일본의 주요 팥 산지인 단바丹波와 비추備中에서 수확한 팥은 오랜 시간 삶아도 잘 부서지지 않는 데 비해, 동일본에서 쓰는 홋카이도산 팥은 삶아내기가 무섭게 으깨지는 특성을 반영한 결과다.

이뿐만이 아니다. 일본 편의점의 겨울 히트 상품 오뎅에도 지역차가 반영되었다. 가령, 세븐일레븐에서 판매하는 오뎅의 국물은 가쓰오부시와 다시마, 날치 우린 것이 기본이다. 그런데여기에 각 지역마다 제각기 다른 재료를 추가해 국물을 내는것이다. 다음은 지역별로 오뎅 국물을 낼 때 추가되는 재료다.

홋카이도: 물치다래속 가쓰오부시宗田鰹節, 닭

도호쿠 지역: 가리비, 말린 정어리

간토 지역: 리시리 다시마利尻昆布, 참다시마真昆布

도카이 지역: 갈고등어 부시, 소, 물치다래속 가쓰오부시

간사이·호쿠리쿠* 지역: 참다시마, 소, 닭

주고쿠 지역: 니보시煮干し(말린 멸치), 소, 닭

시코쿠 지역: 우루메 니보시**, 니보시

규슈 지역: 규슈산 표고버섯, 날치, 소, 닭

로손도 세븐일레븐과 마찬가지로 지역에 따른 아홉 가지 국물을 내놓고 있으며, 패밀리마트는 일곱 종류의 국물을 제공하여 지역성을 반영하고 있다.

편의점 먹거리
3대 스테디셀러

편의점 먹거리를 즐기러 일본 여행을 하는 사람이 있을 정도로 일본의 편의점은 다양한 식품을 판매한다. 그중에서도 오랜 시간 동안 사랑받아온 편의점별 스테디셀러 음식에는 어떤 것이 있을까?

* (앞쪽) 호쿠리쿠北陸는 주부 지방 가운데 동해에 접하는 니가타현, 도야마현, 이시카와현, 후쿠이현을 가리키는 지역 이름이다.
** (앞쪽) 눈이 촉촉하다고 해서 붙여진 이름으로, 촉촉하다는 뜻의 '우루오이潤い'에 눈을 뜻하는 '메目'가 결합된 단어다.

• 닭 가슴살이 이렇게 맛있어도 되나? 로손 가라아게군

세븐일레븐이 오뎅 전용 워머(가열기)를 전국 매장에 보급해 오뎅 판매를 개시한 1979년, 로손은 편의점 업계 최초로 프라이어(튀김 기계)를 도입해 매장에서 조리한 튀김 요리를 판매하기 시작했다. 이후 아메리칸 도그(핫도그)와 점보 후랑크ジャンボフランク(소시지 상품) 등 프라이어를 활용한 다양한 튀김 요리가 인기를 끌었고, 7년 후인 1986년 4월 15일에는 아직까지도 로손의 간판 상품 중 하나인 가라아게군からあげくん이 출시되었다.

이 무렵, 가라아게는 집에서 먹는 반찬이라는 이미지가 강했다. 게다가 퍽퍽한 닭 가슴살은 사람들이 꺼리는 부위 중 하나였다. 하지만 로손 측에서는 젊은 사람들이 가볍게 간식으로 즐기거나 안주로 먹을 수 있는 음식으로 가라아게에 주목했고, 동시에 저칼로리에 단백질이 풍부한 닭 가슴살을 십분 활용하고자 했다. 이러한 생각이 결합돼 출시된 상품이 닭 가슴살로 만든 튀김인 가라아게군이었다.

영자 신문 디자인의 포장 용기에 담긴 가라아게군은 당시 젊은 남성들에게 큰 사랑을 받았고, 이후 '젊은 남성들에게 인기가 많다.'는 이유로 젊은 남성 얼굴이 대거 들어간 포장 용기로 바꼈으며, 2003년에는 전국 가맹점 투표를 통해 오늘날의

닭 캐릭터 요정妖精이 새겨진 포장 용기가 채택되어 현재까지 이어져 내려오고 있다.

한편, 닭 가슴살은 다른 부위에 비해 맛이 연하다는 치명적인 약점을 가지고 있다. 이를 극복하고자 로손 측은 1988년에 매운맛(레드)을 출시한 데 이어 1994년에는 치즈 맛을 내는 등 지난 40여 년간 200개 가까운 맛을 가미한 가라아게군을 선보였다. 이러한 지속적인 개발에 힘입어, 지난 2022년 가라아게군은 총 판매량 36억 개를 돌파하며 인기를 이어오고 있다.

2017년 2월, 가라아게군은 일본 편의점 음식 최초로 우주 비행사들에게 제공되는 '우주 식품'으로 선정된 바 있다.

• 일본 월급쟁이들의 워너비, 세븐 카페

이른 출근 시간과 점심시간, 여러 회사가 밀집한 거리의 편의점에 들르면 커피머신 주변에 양복을 입은 직장인들이 컵을 든 채 모여 커피 내리는 풍경을 볼 수 있다. 잔당 마진율 90퍼

센트를 자랑하는 편의점 커피는 각 업체들에게는 있어 '황금 알을 낳는 거위'다. 그리고 세븐일레븐의 세븐 카페セブンカフェ 는 일본 편의점 커피 중 가장 두터운 사랑을 받고 있다.

이렇듯 세븐 카페가 인기를 얻기까지는 수많은 시행착오와 노력이 숨어 있다. 세븐일레븐 측에서는 이미 1975년경부터 각 점포에 '갓 내린 커피'를 파는 디캔터 스토브식 커피머신 을 배치했으나 큰 인기를 얻지 못했다. 1994년에 배치한 카트 리지식 커피머신과 2001년에 설치한 에스프레소식 커피머신 도 마찬가지였다. 이어진 실패에도 불구하고 세븐일레븐 측은 '일본인들의 입맛에 가장 맛있는 커피'를 내놓는 것을 포기하 지 않았다. 그리고 연구를 계속한 끝에 지금까지의 실패가 '물' 과 관련 있다고 결론 내렸다.

유럽의 물은 미네랄이 많이 함유된 경수(센물)인데, 커피의 쓴맛이 잘 스며든다고 한다. 이로 인해 경수로 커피를 내리면 보다 (쓰고) 깊고 진한 향을 즐길 수 있다. 같은 에스프레소라도 한국에서 마시는 것보다 이탈리아에서 마시는 게 더 맛있게 느껴지는 이유가 여기에 있다. 반면, 일본의 물은 미네랄 함유 량이 적은 연수(단물)로, 이로 커피를 낼 경우 쓴맛이 적고 향도 약하며 비교적 부드러운 맛이 난다.

세븐일레븐 측은 '연수'에 적합한 '드립 추출 방식 커피머신'을 만들기로 하고 일본의 전문 커피 기업인 아지노모토제너럴푸즈 AGF와 커피머신 제조 기업인 후지전기富士電機, 얼음 제조 회사인 고쿠보제빙냉장小久保製氷冷蔵 등과 협력해 일본인의 입맛에 맞는 드립 추출식 커피머신을 발명했다. 이 기계는 맛있는 커피를 내리는 데 그치지 않고 편의점 직원들도 쉽게 관리할 수 있도록 조작법을 간소화했다. 간단한 조작법 덕에 지속적인 필터 교체와 부품 공급이 가능해져 24시간 양질의 커피를 낼 수 있게 된 세븐 카페는 출시 첫해인 2013년, 4억 5,000만 잔을 판매하는 기염을 토했다. 그리고 매년 인지도를 끌어 올리며 2022년에는 7억 4,000만 잔을 판매하며 일본 편의점 커피 베스트셀러 지위를 보다 확고히 했다.

• **편의점 디저트 부문의 왕자, 로손 프리미엄 롤케이크**
인스타그램을 비롯해 각종 SNS에 올라오는 '일본 편의점에

가면 꼭 먹어봐야 할 디저트 목록'에 단골손님으로 등장하는 로손의 프리미엄 롤케이크プレミアムロールケーキ. 2009년 혜성같이 등장해 15년 넘게 높은 인기를 구가하는 이 간식은 '일본 편의점 디저트 분야'를 창조했다는 평을 받는 유일무이한 존재다. 로손 프리미엄 롤케이크가 출시되기 전, 일본은 긴 불황으로 인해 빈부격차가 심해지는 상황이었다. 여기에 리먼 쇼크까지 겹치며 경제 상황이 악화했다. 그 결과 소비 트렌드도 양극화되었다. 많은 기업들은 가성비가 좋은 상품을 내놓는 한편으로 '고급화 전략'을 취한 제품도 출시했다. 로손도 마찬가지였다. 저렴한 가격에 양이 많은 식품을 선보이는 동시에 '놀람의 상품 개발 프로젝트驚きの商品開発プロジェクト'라는 고급화 전략도 펼쳤다. 그리고 프로젝트의 일환으로 탄생한 것이 프리미엄 롤케이크였다.

그런데 그 많은 간식을 두고 어째서 롤케이크를 출시하기로 한 것일까? 이는 '롤케이크는 가족들끼리 먹는 간식' '칼로 잘라 나눈 후 포크로 먹는 케이크'라는 당시 통념으로 봤을 때는 도무지 이해하기 힘든 결정이었다. 하지만 당시 일본 내에서 롤케이크가 높은 인기를 구가하고 있었던 데다 앞서 언급한 프로젝트를 실현하기 위해 여러 '통념'을 깨야 했기에, 롤케이

크는 좋은 대상이
었다.

로손 측은 '혼자
먹는 콘셉트'의 롤
케이크를 출시하기
로 하고, 스펀지케

이크에 생크림을 발라 김밥처럼 돌돌 만 기존의 형태에서 벗
어나 스펀지케이크를 타이어처럼 둥글게 만든 후 가운데 구멍
에 크림을 채워 넣었다. 이때 스펀지케이크는 알갱이가 곱고
입 안에서 잘 녹는 홋카이도산 밀가루로 만들어 부드러운 식
감을 살렸다.

이어서 2015년, 로손 측은 크림에도 혁신을 더했다. 2000년
대 초반까지 편의점 디저트에 들어가는 크림은 배송 거리와
시간을 고려해 유통기한이 긴 식물성 유지를 쓰는 것이 일반
적이었다. 하지만 로손 측에서는 최상의 맛을 제공하고자 유
통기한이 짧으나 신선하고 맛있는 생크림(맛이 깊고 달기로 정평이
난 홋카이도산 비트그라뉴당을 가미했다)을 넣어 최상의 맛을 이뤄냈다.
아울러 롤케이크를 '숟가락'으로 먹을 수 있게 했는데, 당시 기
준으로는 몹시 기발한 발상이었다.

이렇게 혁신에 혁신을 더한 프리미엄 롤케이크는 출시와 함께 SNS상에서 엄청난 화제를 모으며 첫 해에 2억 5,000개나 판매하는 데 성공했다.

2부

기차 여행의 별미
에키벤

일본인에게 도시락(벤토弁当)은 특별한 존재다. 소풍 전 날 부모님이 싸주던 오니기리와 손도 까딱하기 싫은 날 슈퍼마켓이나 편의점에서 집어 오는 유부초밥, 기차역에서 파는 에키벤駅弁 (역 도시락) 등은 누구에게는 소중한 추억으로, 또 누군가에게는 평범한 일상으로 자리매김했다.

남에게 민폐 끼치는 걸 우려해 집에서 냄새 나는 음식을 만들 때에도 주의를 기울이는 일본인들이, 기차만 타면 언제 그랬냐는 듯 고소하고 달달한 냄새를 풍기는 에키벤을 구입해 먹는다. 소풍 전 날 부모님이 싸주던 오니기리와 마찬가지로 즐거운 날에 먹는 '도시락'이라는 이미지 덕에 기차에 탑승한 동안만큼은 세간의 시선을 아랑곳 않고 젓가락을 들어 식사를 즐긴다. 이때 같은 칸에 탑승한 승객들 중 상당수는 음식 냄새에 크게 개의치 않고 그러려니 한다(물론 출근 열차나 지하철과 같은 데서는 절대 먹으면 안 된다).

벤토,
오래전 물 건너온 단어

오래전 중국 남송南宋(1127~1279)에는 '적절함, 편리한 것'을 의미하는 便當(편당)이라는 말이 있었다. 이후 이 말은 일본으로 건너오면서 辨道(변도) 혹은 便道(편도)로 바뀌어 '분별한 다음 용도에 맞게 넣어 먹는다.'라는 뜻의 말로 파생해 弁當(벤토)가 되었다.

초창기 벤토는 오니기리를 대나무 잎에 싸 들고 다니는 수준에 그쳤으나 하루가 멀다 하고 전쟁이 발생하던 전국시대에 들어서는 비상식량을 확보하는 과정에서 보존식 형태로 진화했다. 그리고 전국 통일과 함께 안정을 되찾은 에도 시대에는 기존의 것과는 결이 다른 도시락이 등장했다.

가가와현 고토히라에 있는
가부키 극장

　참근교대제와 해운업에 기반한 전국적인 교통망 확충과 상
업적 발달에 힘입어 경제적으로 번영한 이 시기, 일본 사회에
는 스모すもう와 분라쿠文樂, 노能, 가라쿠리絡繰り(태엽인형) 인형극
등 다양한 서민 문화가 태동했다. 그중 교토에서 탄생한 가부
키歌舞伎 공연은 화려한 의상과 구성진 몸짓, 흥미진진한 이야
기로 큰 사랑을 받았다.

그런데 가부키 공연은 이른 아침에 시작해 해질 무렵까지 이어질 만큼 호흡이 길었다. 때문에 공연 중간중간에 쉬는 시간을 뒀고, 이 틈을 활용해 배우와 스태프들은 식사를 했다. 이때 먹은 도시락을 '막과 막 사이에 먹는다.' 하여 마쿠노우치 벤토幕の内弁当라 불렀는데, 가부키 배우의 일거수일투족에 관심을 갖던 호사가들과 관객들에게 이 도시락이 소개되면서 마쿠노우치 벤토를 파는 가게도 등장했다. 휴식 시간이 되면, 공연장 근처 가게에 미리 음식을 주문한 손님들에게 마쿠노우치 벤토를 배달하기 위해 분주히 오가는 종업원들과 이를 받아 맛있게 먹는 이들이 얽히고설켰고, 이런 풍경이 전국으로 확산하면서 마쿠노우치 벤토는 가부키 공연에 있어 빼놓을 수 없는 존재로 우뚝 섰다.

이윽고 19세기 중엽, 공연장에서나 먹을 수 있던 마쿠노우치 벤토가 일상으로 확산했다. 당시 도쿄 니혼바시닌교초日本橋人形町에 있던 만큐万久라는 가게가 일반 고객들에게 100문(현재 가치로 3,000엔)에 마쿠노우치 벤토를 판매한 것이다. 다만, 이 가격은 하루 벌어 하루 먹고살기에도 벅찬 서민들에게는 부담스러운 수준이었다. 그럼에도 '공연 때나 먹는 음식'을 일상생활에서도 먹을 수 있게 되었다는 것이 사람들 사이에서 꽤나 화제가 된 모양으로, 판매 개시 이래 연일 매진 행진을 기록했다. 그리고 얼마 안 가 다른 가게들도 앞다투어 마쿠노우치 벤토를 팔기 시작했다.

칙칙폭폭 기차 여행에선
에키벤을 먹자!

1872년, 도쿄 신바시역新橋駅과 요코하마역横浜駅을 잇는 일본 최초의 철도가 개통했다. 이를 계기로 전국 각지에 철길이 깔렸고, 철도와 관련한 다양한 문화가 등장했다. 그중 하나가 역도시락으로 잘 알려진 '에키벤'이다.

역에서 파는 도시락이라 해서 에키벤駅弁이라 부르는 이 음식은, 1885년 오미야역大宮駅과 우쓰노미야역宇都宮駅을 잇는 철로 개통식을 기념해 우쓰노미야역 근처에 있던 료칸 시로키야白木屋의 직원들이 우메보시(매실장아찌)와 깨소금을 넣은 오니기리에 단무지 끼운 것을 5전(현재 가치 600엔 상당)에 팔기 시작한데서 비롯했다.

그리고 1889년, 히사고ひさご라는 찻집을 운영하던 다케다

마쿠노우치
에키벤

기하치竹田木八는 효고현 히메지역姬路駅에서 도시락 판매 허가를 얻어 열세 가지 반찬이 들어간 마쿠노우치 벤토를 판매했다. '일본 최초의 마쿠노우치 에키벤'이라는 타이틀을 단 이 도시락은 당시 12전(현재 가치 2,000엔)이라는 비싼 가격에도 불구하고 큰 인기를 끌었다. 이런 성공에 힘입어 전국 각지의 도시락 업자들은 지역색을 가미한 에키벤을 내놓기 시작했고, 이를 계기로 독특한 맛을 즐기기

도시락 포장지의 에키벤 인증 마크. 이 마크가 없으면 에키벤이 아니다.

위한 식도락 여행자들이 등장하며 에키벤의 위상이 치솟았다.

그런데 역에서 판매하는 도시락은 다 에키벤인 걸까? 그렇지는 않다. 일본에서는 1946년에 설립한 일본철도구내영업중앙회에 가입한 업체가 제조한 것으로, 전국 JR 철도 역사駅舎 내에서 판매하는 도시락만을 에키벤으로 인정한다. 중앙회 측은 일반 도시락과 차별화를 두기 위해, 1988년 도시락통 형상에 사람과 여행의 따뜻한 교류를 의미하는 빨간색 동그라미를 넣은 에키벤 마크를 개발, 이를 포장지에 새기도록 했다. 다시 말해, 이 마크가 없는 도시락은 '에키벤'이라 할 수 없다. 따라서 역사에서 에키벤을 구입할 때는 도시락 겉면에 이 마크가 있는지를 확인하는 것이 필수다.

신칸센 역에서
구입할 수 있는 에키벤

차갑게 먹는 도시락,
에키벤

간혹 데워 먹는 것도 있지만 대다수 에키벤은 차갑게 먹는다.
이 때문에 처음 에키벤을 접한 해외 여행객들은 위화감을 느
끼기도 한다. '기왕 파는 거, 먹기 좋게 뜨겁게 데워 팔면 좋을

것을!'이라고 생각하는 것이다. 하지만 에키벤이 차가운 데는 나름의 사정이 있다. 고온다습한 기후로 인한 음식의 부패를 막고 채소와 고기 본연의 맛을 살리기 위해, 제조 업체들은 갓 조리한 음식의 온도를 '진공 냉각'으로 20도까지 떨어뜨린다. 이때 수분이 증발하는 것을 막고자 두 지점의 압력차에 따라 냉풍을 이동시키는 '차압 냉각 방식'으로 온도를 낮춘다.

이렇게 온도를 낮춘 에키벤은, 식감은 다소 이질적이지만 유통 과정에서 부패할 염려가 적고 구입 후에 바로 먹지 않아도 되는 이점을 갖는다.

꼭 먹어볼 만한 독특한 에키벤

• 기차가 아니라 배에서 즐기는 에키벤, 아나고메시

에도 시대, 일본에서는 전국 각지에 흩어져 있는 유명 사원에 들르는 성지 순례가 유행했다. 특히 593년에 창건한 이래 1,000년 넘는 역사를 이어오던 히로시마현 미야지마의 이쓰쿠시마 신사嚴島神社는 전국에서 몰려든 순례객들로 문전성시를 이뤘다. 그러다 19세기 후반에 이르러 근대화와 함께 철로가 연결됐고 미야지마구치역宮島口驛이 문을 열었다. 매일 기차가 통과하는 가운데 많은 순례객이 미야지마를 방문하게 된 것이다.

그리고 1901년 미야지마구치역 앞에 문을 연 식당 '아나고메시 우에노あなごめし うえの'는 창업과 함께 지역 특산물인 붕장어로 만든 덮밥아나고메시あなご飯을 도시락으로 팔기 시작했는데, 이 아나고메시는 이후 미야지마역을 대표하는 에키벤으로 자리매김했다. 우에노의 에키벤을 주로 구입하

는 사람들은 기차여행객만이 아니다. 이쓰쿠시마 신사 등을 보기 위해 미야지마로 들어가는 여행객들도 10분 남짓한 배 운행 시간 동안 먹거나 섬에 들어가서 맛보기 위해 아니고메시 에키벤을 많이 구입한다.

붕장어 덮밥 전문점 우에노

아나고메시 소(사이즈) 1,890엔, 상 2,160엔, 특상 2,700엔

영업시간: 10:00~19:00, 연중무휴, 단 수요일에는 도시락만 판매

히로시마를 대표하는
아나고메시 에키벤

• 에키벤을 사면 도자기가 덤으로!

임진왜란과 정유재란 당시 일본에 끌려온 조선인 도공들이 살던 규슈 사가현의 아리타有田 마을은, 지난 400여 년간 일본 도자기 발전을 이끌었다. 오늘날에도 이삼평과 백파선 등 조선인 도공의 후손들이 도자기를 빚는 공방이 즐비한 이곳에는 아주 특별한 에키벤이 있다. 아리타역에서 파는 '아리타 야키카레有田焼カレー'가 바로 그 주인공이다. 몸에 좋은 28가지 향신료와 사가산 쇠고기를 넣고 오래 끓인 카레를 오븐에 구워 아리타에서 생산한 도자기에 담아 파는데, JR규슈(철도 회사)가 기획한 '규슈의 에키벤 그랑프리'에서 두 번이나 1위를 수상했을 만큼 인기를 얻고 있다. 현재 이 에키벤은 아리타역 내에 있는 상점 '아리타 명품관有田銘品館'에서 세금 포함 1,980엔에 팔리고 있다. 도시락을 구입해 먹은 후 용기 역할을 한 아리타 도자기는 씻어서 집에 가져가면 된다.

아리타 야키카레 1,980엔
판매처: 아리타역 아리타 명품관, 아리타역 앞 카페 갤러리 오타創ギャラリーおおた

도자기의 고장 아리타의
야키카레 에키벤

후루룩 소리 내며
먹어야 맛있다, 라멘

일본인들의 라멘ラーメン 사랑은 각별하다. 남에게 민폐 끼치는 걸 싫어해 식사 한 끼에도 온갖 매너를 갖다 붙이는 사람들이, 라멘 앞에서는 모든 걸 내려놓는다. 후루룩 소리를 내며 면발을 빨아들이는 건 기본이고, 굵은 땀 뻘뻘 흘려가며 국물을 마신 다음 추임새를 넣어 포만감을 표시하는 일이 일상다반사다.

난킨소바에서
라멘으로

이렇듯 체면을 내려놓고 순수하게 맛만 음미케 하는 이 음식이 일본 사회에 들어온 건 지금으로부터 160여 년 전인 1860년대. 요코하마와 나가사키, 고베 등 개항장에 들어온 중국인 노동자와 유학생들을 대상으로 장사하던 야타이屋台(포장마차)에서 팔던 난킨소바南京そば가 그 시초다. 당시 개항장 내의 중화 거리를 난킨마치南京町라 부른 데서 비롯한 난킨소바는 19세기 후반부터는 '중국China의 면'을 의미하는 시나소바支那そば로 주로 불렸다. 제2차 세계대전 이후 중국 정부로부터 '지나支那'라는 표현을 쓰지 말아달라는 요청이 들어왔고, 일본 외무성에서 '지나(시나)'의 사용 자제 권고를 내리면서 중화민국中華民國에서 비롯한 주카소바中華そば로 불리게 되었다.

이름에서 알 수 있듯, 20세기 초반까지 라멘은 일본 음식이라기보다는 중국 음식이라는 인식이 강했다. 그러다 1910년, 도쿄 아사쿠사浅草에 일본인 경영자 오자키 게이치로尾崎貫一가 중국인 요리사들을 고용해 일본인 최초로 중화요리 전문점을 열면서 인식이 바뀌었다.

1868년 개항해 일찍부터
외국인이 모여들었던 고베의 차이나타운

　라이라이켄米々軒이라는 상호의 이 가게는 개업 이래 일본
사회에 큰 반향을 일으켰다. 짭짤한 간장 국물에 탱탱한 면발,
그 위에 올라가는 먹음직스러운 차슈(돼지고기 수육)와 죽순, 파
를 올린 시나소바가 폭발적인 인기를 끈 것이다. 그러자 아사
쿠사 곳곳에서 이와 유사한 메뉴를 내는 가게가 등장한 것은
물론, 시나소바를 판매하는 포장마차도 크게 증가했다. 특히

차루메라チャルメラ* 라고 부르는 이동식 포장마차에서 내던 값 싼 시나소바는 저소득 노동자들에게 큰 인기를 끌었다.

하지만 20세기 초까지 시나소바는 도쿄나 몇몇 개항장에서나 유행했고, 그 인기가 일본 전역으로 퍼진 것은 1945년 태평양전쟁 패망 이후의 일이다. 당시 식량난 속 배급품에는 미국에서 원조받은 밀가루가 다량 포함되어 있었는데, 태평양전쟁 이전만 해도 밀가루 음식에 익숙하지 않던 일본인들은 이 원조품을 통해 밀가루 음식에 익숙해졌다. 이런 변화 속에서 밀가루를 사용한 라멘이 인기를 끌었고, 이후 지역적 특성을 가미한 라멘이 속속 등장하며 라멘 춘추전국시대를 열었다.

라멘,
어디까지 먹어봤니?

이처럼 중국식 면 요리에서 출발한 라멘은 짧은 시간에 일본인의 주린 배를 채워주는 음식으로 자리를 잡았다. 뒤이어 일

---

* 차루메라는 포르투갈어 샤라멜라charamela에서 온 단어로, 포장마차에서 사람들을 끌기 위해 분 관악기(한국의 태평소와 비슷하게 생겼다)다.

본이 경제 성장을 이루면서 각지에서 지역색을 띤 라멘도 등장했다. 그 덕에 동네마다 제각기 다른 라멘 맛을 즐기고자 떠나는 식도락 여행도 큰 인기를 끌고 있다. 그렇다면, 이렇게 사람들의 여행 욕구를 끌어올리고 있는 라멘에는 어떤 종류가 있을까?

먼저 닭 뼈나 돼지 뼈를 우려낸 육수에 간장을 넣어 맛을 조절하는 쇼유 라멘醬油ラーメン이 있다. 일본인이 가장 사랑하는 조미료로 손꼽히는 '간장(쇼유醬油)'을 베이스로 한 국물은 가게 레시피에 따라 산뜻한 맛에서 진한 맛까지 천차만별이다. 시오 라멘塩ラーメン도 일본 라멘의 대표 주자 중 하나다. 쇼유 라멘과 마찬가지로 기본 육수는 닭 뼈나 돼지 뼈 우려낸 것을 사용한다. 다만 여기에 소금(시오塩)을 넣어 간을 맞추기 때문에 그 맛이 담백하면서 깔끔하다.

한편, 홋카이도의 삿포로札幌에서 탄생한 미소 라멘味噌ラーメン은 일본 된장 특유의 걸쭉함과 든든함을 담아낸 것이 매력이다. 1955년, 삿포로 시내에 있는 아지노산페이味の三平라는 가게가 처음으로 선보인 미소 라멘은, 맛도 맛이지만 지지레멘縮れ麺이라 불리는 꼬불꼬불하면서 쫄깃한 면발이 일품이다. 또한 걸쭉한 국물은 4월에도 흰 눈이 펑펑 내릴 만큼 추운 삿포

삿포로에서 탄생한
미소 라멘

로에서 몸을 데워주는 난로의 역할을 한다.

마지막으로, 규슈 지방을 중심으로 사랑받는 돈코쓰 라멘豚骨ラーメン도 빼놓을 수 없는 일본 라멘이다. 국물이 뿌옇고 걸쭉해질 때까지 돼지 사골을 고아낸 육수와 비교적 가는 면발, 차슈와 죽순 등이 조화를 이룬 이 라멘은, 달짝지근하면서도 걸쭉한 국물 맛 덕분에 일본 3대 라멘 중 하나로 손꼽힌다. 다만, 돼지 누린내로 인해 호불호가 갈린다.

이 밖에도 각각의 다양한 매력을 뽐내는 라멘들이 지역 주

민과 여행객의 입맛을 책임지고 있다. 면을 따로 나온 소스에 찍어 먹는 쓰케멘つけ麺('찍다'라는 뜻의 쓰케루つける에 면을 뜻하는 멘麺이 결합)과 라멘에 포함하기에는 다소 어중간하나 시원한 국물과 쫄깃한 면발 위로 풍성한 채소와 해산물을 올린 나가사키잔폰 (짬뽕)長崎ちゃんぽん도 일본인이 즐기는 중국식 면 요리다. 나가사키잔폰은 1899년 나가사키에 체류하던 중국인 주방장 친 헤이준陳平順이 가난한 중국인 유학생과 노동자들에게 저렴한 가격에 제공한 푸짐한 면 요리에서 시작됐다.

더 맛있게
라멘 주문하는 법

돈코쓰 라멘의 대표 주자 이치란라멘一覧ラーメン과 잇푸도라멘一風堂ラーメン처럼 전국에 지점을 둔 프랜차이즈나 대도시 번화가에 위치한 라멘 전문점에는 일본어를 모르는 여행자들을 위해 한국어 및 영어 메뉴판이 준비되어 있다. 하지만 그렇지 않은 상당수의 점포에서는 주문부터 애를 먹기 십상이다. 게다가 주문 후 직원이 "멘노 가타사와 도우시마스카麺の硬さはどうし

ますか?"(면의 꼬들꼬들함은 어떻게 해드릴까요?)라 물으면 눈앞이 캄캄해질 가능성이 99퍼센트다. 따라서 몇 가지 지식을 알아두는 게 좋다.

스테이크에서 고기의 익힘 정도가 중요하듯이, 라멘을 먹을 때 면의 익힘 정도가 중요한데, 그것이 멘노 가타사麺の硬さ(면의 딱딱함)다. 이것은 크게 다섯 가지로, 가장 탄력 있는 바리카타ばりかた와 적당히 탄력성이 가미된 가타메かため, 보통 정도의 후쓰우ふつう, 살짝 부드러운 야와·야와라카메やわ·やわらかめ, 거기에 흐물흐물할 정도로 부드러운 바리야와ばりやわ로 나뉘는데, 본인의 기호에 맞게 주문하면 된다. 호불호 없이 무난하게 먹으려면 후쓰우나 가타메 정도의 탄력이 적당하다.

한편 일본의 라멘집에서는 면을 추가하는 것이 가능한데, 이를 가에타마替え玉라 한다. 면을 추가해서 먹고 싶을 때는 "가에타마 오네가이시마스替え玉お願いします."라 주문하면 된다.

또한 라멘집이나 우동 전문점 테이블 위에는 다소 독특한 디자인의 숟가락이 놓여 있는데, 이는 국물을 떠먹는 숟가락 '렌게'다. 연꽃잎이 흩어지는 모습을 닮았다고 해서, '흩어지는 연꽃'이라는 뜻의 지리렌게散り蓮華라 부르던 것을 지금은 렌게라 줄여서 부른다.

마지막으로, 면은 물론이고 국물까지 남김없이 먹는 것을 간쇼쿠完食라고 한다. 이는 '아주 맛있게 잘 먹었다.'는 의미로, 가게에서는 손님들이 국물까지 다 먹는 것을 큰 기쁨으로 여긴다.

돈가스에서 고로케까지, 튀김 요리에 빠진 일본인

맛있는 음식은 어떻게 먹어도 맛있지만 그 속에 숨은 역사와 사정을 알고 먹으면 더 맛있다. 무엇이든 튀겨 먹는 것을 즐기는 일본인의 식문화 속 숨은 이야기를 알고 나면, 최소 두 배는 더 맛있는 식사를 즐길 수 있다.

일본 근대사와 함께한 돈가스

16세기, 일본 규슈 지역에 포르투갈 선교사들이 들어왔다. 이

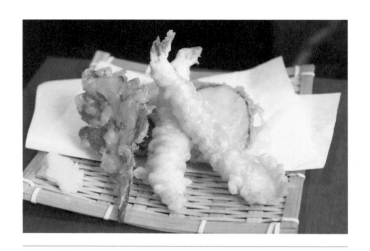

튀김옷만 묻혀 튀기면 주로 '재료+텐(~てん)'이라 부르고,
빵가루를 묻혀 튀기면 '재료+카쓰/프라이(~カツ/フライ)'라 부른다.

꼬챙이에 빵가루 묻힌 재료를 꿰어 튀기는
오사카의 명물 구시카쓰串カツ

들은 지방 다이묘들과 교류하며 선교 활동을 펼치는 한편, 현
지인들에게 카스텔라와 호박, 고추, 담배*, 올리브 등 여러 먹
거리와 기호품을 소개했다. 오늘날 일본 국민 음식으로 꼽
는 덴푸라天ぷら도 그중 하나였다. 가톨릭에는 사계의 재四季齋,
temporas라 해서 각 계절마다 3일씩 금식과 기도를 하며 하나님
의 은혜에 감사드리는 행사가 있다. 이때 신자들은 평소 즐겨

* 담배는 '포르투갈어 토바코tobacco → 일본어 다바코タバコ → 한국어 담바귀 → 담배'
의 과정을 거쳐 변해온 말이다.

먹던 육식 대신 생선을 먹는다. 당시 선교사들이 이 기간 동안 새우를 튀겨 먹는 것을 본 규슈(특히 데지마가 있던 나가사키)의 상류층 몇몇이 그들을 따라 밀가루와 달걀, 설탕, 소금, 술을 반죽한 튀김옷을 입힌 식재료를 식용유로 튀긴 게 덴푸라 요리의 기원이 되었다.

다만, 비싼 식용유 가격으로 인해 경제적으로 여유가 있는 귀족과 부유층 사이에서만 튀김 음식이 유행했다. 그러던 것이 17세기 초에 이르러 깨에서 짜낸 기름의 대량 생산이 가능해지며 서민층에도 튀김 요리가 확산했다.

실제로 1669년에 발간된 《요리식도기料理食道記》에 일본 역사 최초로 '덴푸라天ぷら'라는 용어가 등장했고, 18세기 초 에도를 중심으로 급격히 확산한 야타이미세屋台見せ(길거리 가게=노점)에서도 덴푸라를 팔았다. 그리고 19세기에는 고급 요정에서도 덴푸라를 제공하게 되었다. 그 덕에 덴푸라의 위상이 크게 높아져 오늘날까지도 덴푸라는 서민적이면서도 고급스러운 이미지를 함께 갖고 있다.

러일전쟁 때문에 탄생한 돈가스 필승 공식,
돈가스+쌀밥+양배추 샐러드

시간이 흘러 1854년, 미국 페리 제독이 이끈 흑선의 압박에 강제로 대외 창구를 연 일본은 개항하기가 무섭게 서양 문물을 수용했다. 이 과정에서 나가사키, 요코하마, 고베 같은 개항장과 도쿄, 오사카 등 대도시에 외국인이 들어왔고, 이들을 대상으로 한 서양식 요리 전문점도 등장했다. 이윽고 1895년 도쿄 긴자 거리에 문을 연 렌가테이煉瓦亭에서는 돈가스의 원조가 되는 음식이 탄생했다.

당시 식당 측은 튀김 요리를 즐겨 먹는 일본인의 특성을 고려해 얇게 썬 돼지고기를 튀겨서 그 위에 데미그라스 소스를 올렸고, 여기에 볶은 채소와 빵 한 조각을 더했다. 그리고 이 모둠 요리에 가쓰레쓰カツレツ라는 이름을 붙였다. 1904년 러일전쟁이 발발하자 렌가테이에서 근무하던 직원들도 군대로 징집되었다. 이로 인해 극심한 일손 부족에 시달린 식당에서는 시간 절약 차원에서 손이 많이 가는 볶음 채소를 내놓는 대신, 궁여지책으로 양배추에 우스터소스를 올린 샐러드를 제공했다. 그런데 식당의 우려와 달리 이 샐러드가 손님들에게 큰 인

기를 얻었고, 이에 가쓰레쓰와 비슷한 음식을 팔던 다른 가게들도 양배추 샐러드를 내놓았다. 그리고 가쓰레쓰에서 진화한 돈가스에도 양배추 샐러드가 포함되면서 오늘날에는 '돈가스 정식'에 필수 불가결한 존재가 되었다.

일본 음식,
돈가스의 탄생

다만, 가쓰레쓰는 맛으로 보나 외형으로 보나 돈가스와는 달랐다. 우리가 아는 일본식 돈가스는 도쿄 우에노上野에 있는 양식점 폰치켄ポンチ軒(오늘날의 폰타혼케ぽん多本家)에서 1929년 탄생했다.

폰치켄의 창업자이자 일본 돈가스의 아버지로 추앙받는 시마다 신지로島田信二郎는 어느 날 단골손님으로부터 불만 섞인 질문을 들었다.

"어째서 가쓰레쓰는 얇은 고기로 튀깁니까?"

이 말을 듣고 고민에 빠진 시마다는 얼마 후 2.5~3센티미터로 두껍게 썬 돼지고기를 소금과 후추로 밑간한 다음 밀가루

오늘날에도 돈가스 전문점으로
명성을 떨치는 폰타혼케의 돈가스

와 달걀을 입혀 바삭하게 튀겨냈다. 시마다는 먼저 이 음식을
단골손님들에게 제공해 큰 호평을 받았고, 이를 계기로 돈가
스를 정식 메뉴로 출시했다. 동시에 돈가스와 관련한 규칙도
내놓았다.

1. 돈가스는 젓가락으로 먹을 것

2. 소스는 뿌리지 않고 찍어 먹을 것

3. 미소시루(된장국)를 곁들일 것

이 규칙은 오늘날까지 이어지며 일본식 돈가스의 원형을 만들어냈다. 이 규칙과 더불어 독특한 문화도 탄생했다. 중요한 시험이나 시합을 앞두고 돈가스를 먹기 시작한 것이다. 이는 돈가스의 가쓰ヵッ와 '이기다'라는 뜻의 동사 勝つ의 발음이 같은 데서 비롯한 관습으로, 같은 맥락에서 일본어 문장 '반드시 이긴다'(깃토카쓰きっと勝つ)와 발음이 비슷한 Kitkat(일본어 발음으로 깃토캇토) 초콜릿 또한 시험 전에 먹는 행운 부적으로 수험생들에게 큰 사랑을 받는다.

가쓰레쓰의 인기가
낳은 카레 빵

19세기 중반, 한 영국인이 일본에 카레를 소개했다. 그러나 오늘날의 위상과 달리 당시에는 별 인기를 얻지 못했다. 실제로 일본 최초의 물리학자로 알려진 야마가와 겐지로山川健次郎는

1871년 영국 유학 중에 먹은 카레라이스를 "먹을 게 못 된다."
고 혹평했다. 하지만 1872년 《서양 요리통西洋料理通》이라는 책
에서 카레 요리법을 소개한 것을 시작으로, 이듬해 1873년 육
군유년학교에서는 토요일 점심 메뉴로 카레라이스를 제공하
는 등 서서히 카레의 인지도가 높아졌다.

또한 삿포로농학교札幌農学校(홋카이도대학의 전신)의 초대 총장
이자 "Boy's be ambitious(소년이여 야망을 가져라)."라는 명언을 남
긴 윌리엄 S. 클라크는 학생들에게 하루 한 끼는 카레라이스를
먹도록 했으며, 이어서 1893년 당시 간행되던 《부녀잡지婦女雑
誌》가 즉석 카레라이스 조리법을 소개하며 화제를 모으기도 했
다. 이렇게 서서히 일본인의 일상에 녹아든 카레는 20세기 초
가 되자 일반 가정에서도 즐겨 먹는 보편적인 음식이 되었다.

그런 가운데, 1927년 도쿄 고토구 모리시타森下에 있는 제과
점 메이카도名花堂(지금의 가토레아カトレア)에서 카레 빵을 출시했다.
2대 점주인 나카타 도요지中田豊治가 가쓰레쓰와 카레라이스의
인기에 주목하며 이 둘을 빵으로 합친 제품을 '카레 빵カレパン'
이라는 이름으로 내놓은 것이다. 하지만 처음부터 카레 빵이
인기를 얻은 건 아니었다. 기존 빵에 수분이 많은 카레를 넣은
탓에 금세 눅눅해지며 소비자들에게 외면받았다. 이 문제를

해결하기 위해 나카타는 하룻동안 카레를 재워 물기를 뺀 후 이를 반죽으로 감싸 기름에 튀겼다. 그러자 바삭바삭하면서도 야들야들한 카레 빵이 나왔다. 그리고 이를 맛본 손님들이 입소문을 내며 하루아침에 인기 빵 대열에 올랐다.

고로케는 정육점에서
사 먹어야 제맛

앞서 언급한 렌가테이는 게살을 넣은 크림 고로케도 만들어 판매했는데, 이것이 일본 최초의 고로케コロッケ라고 한다. 이후 1917년에 조라쿠켄長楽軒이라는 경양식집에서 오늘날의 고로케와 비슷한 상품을 팔기 시작했다.

그리고 이곳에서 요리사로 일하던 아베 세이로쿠阿部清六는 1927년 도쿄 가부키초歌舞伎町에 조우시야チョウシ屋(오늘날에도 영업)라는 정육점을 열었는데, 고기만 파는 것이 아니라 으깬 감자와 고기를 섞은 고로케를 만들어 반찬으로 판매했다. 당시 일본 사회 전반을 지배하던 서양 문화를 향한 동경과 함께, 겉은 바삭하고 속은 부드러운 식감을 담은 이 음식은 손님들에

게 큰 사랑을 받았다. 이에 주목한 다른 정육점들도 앞다투어 고로케를 판매한 것은 물론이다.

그 결과 고로케는 정육점에 가서 사 먹는 간식으로 인식되었고, 지금 이 순간에도 갓 튀긴 고로케를 먹으려는 이들의 발길이 골목 곳곳에 자리한 정육점으로 이어지고 있다.

뿌려 먹을까, 그냥 먹을까?

탕수육 논쟁 못지않은 가라아게 논쟁

2007년 NHK 방송국 문화연구소에서 전국의 16세 이상 국민 3,600명을 대상으로 조사한 '일본인이 좋아하는 음식 순위'에서 15위, 2022년 일본 각종 랭킹 사이트 '민나노 랭킹'의 '좋아하는 음식 랭킹'(5,417명 참가)에서 4위, 일본 대형 광고회사 하쿠호도博報堂의 하쿠호도생활종합연구소가 수도권과 간사이 지역에 거주하는 20~69세 성인 3,084명을 대상으로 한 생활 점검조사에서 좋아하는 음식 4위, 같은 해 인터넷 음식 저널 사이트 macaro-ni가 구독자 2,000명을 대상으로 조사한 '당신이 좋아하는 음식'에서 132표를 얻어 2위. 이처럼 각종 랭킹에서 일본인이 사랑하는 음식 중 하나로 손꼽힌 것이 바로 가라아게唐揚げ*다.

물과 밀가루, 달걀을 섞어 반죽한 튀김옷을 식재료에 입혀 튀기는 덴푸라와 달리, 가라아게는 밀가루나 녹말가루만 묻혀 튀기는 것이 특징이다. 가라아게는 에도 초기 중국에서 전래된 보차요리普茶料理를 기원으로 하는데, 당시 중국인들은 차를 마실 때 두부를 잘게 썰어 기름에 튀긴 다음 간장과 술로 조린 요리를 곁들여 먹었는데, 이것이 일본에 건너와 가라아게로 발전한 것이다.

하지만 20세기 초반까지 대중이 먹던 가라아게의 주재료는 생선과 채소 정도로, 오늘날처럼 '닭고기'를 튀겨 먹는다는 생각은 하지 못했다. 그렇다면 일본인들은 대체 언제부터 닭고기를 재료로 한 가라아게를 먹은 걸까?

때는 바야흐로 1932년, 도쿄 교바시고비키초京橋木挽町에 빙수 가게를 낸 것을 시작으로 몇 차례 업종을 변경하며 사업을 벌이던 다니 젠노조谷善之丞라는 사람이 있었다. 사업에 어려움을 겪던 그가 마지막으로 닭 요리 전문점인 식당 미카사(지금의 미카사회관三笠会館)를 열었다. 그런데 미카사의 주방장이 기존 재

---

* 중국(당唐)에서 건너온 튀김 요리揚げ라는 뜻을 가진다.

가라아게는 술안주뿐 아니라
밥반찬으로 인기 있다.

료를 대신해 '닭을 튀겨보면 어떨까?'라는 생각으로 만든 치킨

가라아게가 손님들의 입맛을 사로잡았고, 이를 본 다른 가게

들도 앞다투어 같은 메뉴를 내놓기 시작했다. 하지만 유행은

길지 않았다. 중일전쟁과 태평양전쟁으로 식량난과 경제난이

가중하며 일본에서 외식산업이 침체했기 때문이다.

　10년 가까이 이어진 전쟁은 1945년 8월 일본의 무조건 항복 선언으로 막을 내렸으나, 종전 이후에도 대다수 국민이 굶주림에 시달렸다. 이에 일본 정부는 식량난의 해결을 위해 양계산업 육성을 도모했다. 오래전부터 닭을 많이 키웠던 오이타현 나카쓰中津에는 이를 계기로 더욱 많은 양계장이 생겼다. 그 덕에 타 지역보다 저렴한 가격에 닭고기를 공급받을 수 있게 된 나카쓰 주민들은 시내 곳곳에 치킨 가라아게 전문점을 열었다.*

나카쓰를 중심으로 재유행한 치킨 가라아게는 이후 전국으로 확산하며 직장인들에게는 술안주, 학생들에게는 가장 좋아하는 급식 반찬으로 각광받았다. 동시에 미야자키현의 치킨난반チキン南蛮**(설탕과 미림 등을 첨가한 식초에 가라아게를 적신 후 타르타르소스를 뿌려 먹는 음식), 아이치현의 데바사키手羽先(닭 날개를 튀긴 요리) 등 지역의 특성을 살린 닭고기 음식이 등장하며, 닭은 일본인에게 가장 친근한 식재료로 자리매김하는 데 성공했다.

---

* 지금 시중에서 판매하는 가라아게라 하면 치킨 가라아게를 먼저 떠올리지만, 닭 이외에도 각종 채소와 복어, 오징어 등을 튀긴 것들도 인기를 끌고 있다.
** 1950년대 후반, 규슈 미야자키현 노베오카延岡시에 소재한 식당 '런던'에서 종업원들의 식사로 만든 음식이다. 이를 상업화하여 팔기 시작한 것은 '나오짱'이라는 가게였으며, 이후 '오구라'라는 음식점은 기존 치킨난반에 타르타르소스를 올렸고 이것이 오늘날 치킨난반의 정석으로 자리매김했다.

나고야의 명물 닭 요리
데바사키

일본 가라아게는
'뿌먹 vs 그먹' 논쟁 중

한국 사람들이 탕수육 위에 소스를 부어 먹느냐, 고기를 소스에 찍어 먹느냐를 두고 '부먹 vs 찍먹' 논쟁을 벌인다면, 일본 사람들은 가라아게에 레몬 즙을 뿌려 먹는가 그냥 먹는가를 두고 갈등한다. 일반적으로 식당에서 가라아게를 주문하면 레몬이 함께 나오는데, 이때 "레몬 즙을 뿌리면 고기의 느끼함이 사라지고 맛도 깊어진다."고 주장하는 뿌먹파(뿌려 먹는 파)와 "고기 본연의 맛을 즐기는 데 레몬 즙이 방해가 된다."며 레몬 즙 뿌리는 것에 반기를 든 그먹파(그냥 먹는 파)가 치열하게 대립하는 양상이다.

그렇다면, 뿌먹파와 그먹파의 비율은 어떻게 될까? 2022년 야후재팬 이용자 2,000명을 대상으로 한 조사에 따르면 응답자 중 59.4퍼센트가 '레몬 즙을 뿌려 먹는다.'를 선택, 18.4퍼센트에 그친 '그냥 먹는다.'파를 크게 압도했다. 이런 결과로 인해 혹자는 "논쟁이 아니다."라 말하지만, 실생활에서 '레몬 즙을 뿌리느냐 안 뿌리느냐'를 두고 많은 이야기가 오가는 점, TV 프로그램에서 연일 가라아게 논쟁을 언급하는 점으로 볼

때, 결과와 별개로 일본인의 일상에 흥미를 돋우는 주제임에
는 틀림없다.

한편, 가라아게 이외에도 여러 음식을 두고 '논쟁'이 벌어진
다. 가장 유명한 것이 다이후쿠大福라는 찹쌀떡에 들어가는 '팥
소 논쟁'이다. 팥알 하나하나 씹힐 정도로만 으깬 쓰부앙粒餡이
들어간 찹쌀떡을 선호하는 이와, 완전히 팥을 으깨 부드러운
식감을 가진 코시앙漉し餡을 넣은 찹쌀떡을 좋아하는 이들이
대립한다. 단, 전자는 노년층, 후자는 젊은이들로부터 지지를
받는 등 세대에 따라 선호도가 달라지는 양상을 보인다.

이 밖에도 달걀 프라이에 뿌리는 소스를 두고 벌이는 '간장
vs 우스터소스' 논쟁, 카레 소스를 밥에 비벼 먹는 파와 덮밥처
럼 올려 먹는 파가 벌이는 비빔 논쟁, 에비텐海老天(새우튀김)을
꼬리까지 다 먹는지 아니면 꼬리는 남기는지를 두고 벌이는
논쟁, 일본 탕수육으로 잘 알려진 스부타酢豚의 소스에 파인애
플을 넣어야 할지 말지를 두고 벌이는 논쟁 등이 일본 사회를
분열시키는(?) 주된 테마다.

크리스마스에
프라이드치킨을 먹게 된 사연

매년 크리스마스, 일본인은 소중한 이들과 함께 프라이드치킨을 먹으며 추억을 쌓는다. 이러한 문화가 탄생한 데는 세계적인 패스트푸드 체인점 KFC Kentucky Fried Chicken가 한몫했다.

우리도 먹고 싶다,
칠면조

제2차 세계대전 이후 일본 열도에 주둔한 미군의 식문화는 연일 일본인들에게 화제를 모았다. 햄버거나 피자와 같은 패스

1914년 일본에서 출간된 그림책
《어린이의 친구》의 한 페이지

트푸드를 비롯해 특정 이벤트마다 먹는 음식들이 TV나 신문, 잡지 등에 소개되며, 이를 따라 하는 문화가 생겨났다. 크리스마스에 먹는 칠면조 요리도 그중 하나였다. 당시 미군은 추수감사절과 크리스마스가 가까워지면 본국에서 냉동 칠면조를 들여왔다. 그리고 이를 본 몇몇 일본인은 '미국인들은 크리스마스에 칠면조 요리를 먹는구나.'라고 인식하기 시작했다. 미국 문화를 선망하던 일본인들 사이에서 '크리스마스에는 칠면조 요리를 먹어야 한다.'는 유행이 일어났고, 그 결과 매년 12월이면 고급 레스토랑은 칠면조 요리를 먹어보려는 사람들로 문전성시를 이뤘다.

하지만 공무원 초임이 13,000엔에 그치던 시절(1950년대 후반), 마리당 4,000~5,000엔을 웃돌던 칠면조는 그림의 떡이었다. 게다가 칠면조를 구울 만한 커다란 오븐을 갖추는 것도 쉽지 않았다. 때문에 매스컴이나 요리 서적에서는 칠면조의 대안으로 '닭'을 제시했으나 이 시기 닭은 소와 돼지보다도 비싼 고기여서 이 또한 서민들에게는 부담이 되었다.

꿩 대신 닭?
칠면조 대신 치킨!

그런데 1960년대에 이르러 상황이 변했다. 몇몇 축산업자가 미국에서 '브로일러'*라는, 사료를 적게 먹음에도 빨리 성장하는 닭 품종을 도입한 것이다. 이후 많은 양계업자들이 돈이 되

---

* 정식 품종은 아니며, 주로 백색 코니시 수탉과 백색 플리머록 암탉의 1대 교잡종을 통닭용으로 사육한 것을 가리킨다.

2021년 크리스마스를 맞아
일본 KFC에서 내놓은 광고 사진

는 브로일러 품종을 사육하면서 순식간에 육계 생산량이 늘었고 자연스레 닭고기 가격이 하락했다.

그런 가운데 1970년, 미국의 주요 패스트푸드 업체인 켄터키 프라이드치킨(이하 KFC. 일본에서는 주로 '켄터키'로 줄여 부른다)이 일본에 진출했다. KFC는 1호 점포인 나고야점을 시작으로 전국 주요 도시에 점포를 내는 등 적극적으로 사업 확대에 나섰으나 도리텐鳥天(닭튀김)과 가라아게 등 일본의 전통적인 닭 요리 사이에서 고전을 면치 못했다. 그러던 어느 날, KFC 도쿄 아오야마점의 점장으로 일하던 오가와라 다케시大河原毅(KFC재팬 3대 사장)가 "크리스마스가 다가오니 칠면조를 구해야 하는데, 일본에서는 구하기가 어려워 아쉬운 대로 치킨을 사려 한다."라는 외국인 손님의 말에 주목했다.

이후 그는 가게 앞에 놓인 커넬 샌더스(KFC 창업주) 인형에 크리스마스 장식을 달고, 그 옆으로는 "크리스마스에는 켄터키 치킨"이라는 문구를 붙여 홍보했다. 그리고 그해 크리스마스, 아오야마점은 여느 때보다 높은 매출을 기록했다. 이런 인기에 주목한 일본 KFC 본사 또한 1974년에 "크리스마스에는 켄터키 치킨"이라는 문구를 실은 TV 광고를 전국에 송출했다.

광고가 각인시킨
'크리스마스엔 치킨'

국민소득 향상으로 말미암은 텔레비전 보급률 상승에 힘입어 TV 광고의 영향력이 막대해졌던 시기, "크리스마스에는 켄터키 치킨"이라는 문구는 일본 사람들의 뇌리에 깊게 박혔다. 그리고 얼마 후 NHK는 오가와라 씨를 만나 "실제로 미국 사람들이 크리스마스에 치킨을 먹느냐?"를 물었고, 닭이 아닌 칠면조를 먹는다는 걸 알았음에도 그는 "치킨을 먹는다."고 거짓말을 했다. 이 바람에 일본인들은 너나없이 크리스마스마다 프라이드치킨을 찾기 시작했다.

그리고 이런 움직임은 하나의 관습으로 자리 잡았다. 이제 미국인이 크리스마스에 프라이드치킨이 아니라 칠면조구이를 먹는다는 걸 모든 일본인이 알지만, 그래도 매년 크리스마스마다 KFC를 비롯해 전국 프라이드치킨 가게들은 '치킨'을 사려는 손님들로 인해 행복한 비명을 지른다.

소식하는 일본인?
알고 보면 음식에 진심인 편

일본 사람 하면 소식小食하는 이미지를 가지고 있으나 알고 보면 이들도 음식에 진심이다. 이는 역사적 기록이 증명한다.

베스트셀러 장편소설 〈남총리견팔견전南総里見八犬伝〉을 쓴 에도 시대 후기의 작가 다키자와 바킨滝沢馬琴의 〈토원소설兎園小說〉과 당시의 정기 간행물이었던 《문화비필文化秘筆》(저자 미상)에는 1817년 야나기바시柳橋의 만파치로万八楼라는 음식점에서 '음식투회飲食闘會'라는 이름의 많이 먹기 대회가 열렸다는 기록이 있다. 쌀밥과 화과자, 소바, 장어 요리, 술의 다섯 분야로 나눠 우승자를 가린 이 대회에 200여 명이 참가했는데, 그중 쌀밥 분야에 참가한 41세 남성은 미소차즈케味噌茶漬け(흰 쌀밥에 된장국을 말아 먹는 음식) 68그릇을 먹어 좌중을 놀라게 했다. 참고로, 그가 먹은 밥에 들어간 간장의 양은 무려 360cc에 달했다고 한다.

또한 거리에 즐비한 노점에서도 소바와 튀김 요리를 몇 그릇씩 먹어 치우는 사람들이 심심찮게 목격될 만큼 먹는 데 진심인 사람이 많았다. 그리고 오늘날에는 다베호우다이食べ放題라고 부르는 독특한 뷔페 시스템이 대식가들의 포만감을 채워준다.

거리에서 '食べ放題'라는 글자를 보면
과감히 벨트를 푸세요

도쿄 신주쿠, 오사카 도톤보리, 후쿠오카 덴진 등 대도시 번화가나 여타 소도시의 중심가를 걷다 보면 "食べ放題"라는 글자가 쓰여 있는 간판이 눈에 띈다. '먹다'라는 뜻을 가진 동사 다베루食べる와 '마음껏 ~하다'라는 뜻의 호우다이放題를 결합해 '실컷 먹다'라는 뜻을 갖는 다베호우다이는, 한국의 무제한 뷔페와 견줄 만한 일본의 뷔페 시스템이다. 스시를 비롯해 도리

술과 음료를 무제한으로 마실 수 있는
노미호우다이

텐, 고기, 와인, 디저트 등 먹음직스러운 음식들을 비교적 저렴한 가격에 무제한으로 즐길 수 있어 많은 이들에게 사랑받고 있다.

그런데 이 다베호우다이 문화는 언제 시작된 것일까? 일본 최초의 뷔페는 1957년, 일본 데이코쿠帝国 호텔 지배인이 덴마크에서 스모가스보드Smorgasbord라는 바이킹 전통 식사를 경험한 후 이를 일본식 뷔페 시스템으로 내놓은 데서 시작되었다고 알려져 있다. 스모가스보드란 뷔페를 의미하는 Smor와 거위를 뜻하는 Gas, board와 같은 뜻의 Bord를 결합한 용어로, 다양한 음식을 펼쳐놓고 먹는 북유럽의 문화를 말한다.

바이킹구*バイキング*라는 이름으로 일본 사회에 소개된 뷔페 문화는 이후 바이킹구 혹은 다베호우다이라는 이름으로 인기를 끌었다. 특히 육류 소비량이 증가하던 1960~70년대, 저렴한 가격에 고기를 먹으려는 서민들에게 다베호우다이는 가성비 좋은 외식이었다. 그리고 어느 정도 시간이 흐르자 고기에 그치지 않고 스시, 피자, 덴푸라, 디저트, 와인, 일본주 등 다양한 음식으로 무장한 다베호우다이가 생겨났다.

다만, 다베호우다이라 해서 세월아 네월아 무한정 먹을 수 있는 건 아니다. 한국 뷔페와 마찬가지로 이들 다베호우다이에도 시간 제한이 존재한다. 가게에 따라 금액에 따라 이용 시간이 상이한 가운데, 평균 90분 이내에 원하는 음식과 음료, 디저트를 즐길 수 있는 곳이 다수를 차지하며, 1인당 3,500엔에서 4,000엔 정도를 받는 가게라면 양질의 식사를 할 수 있다.

술과 음료도 무제한으로!

술이나 음료 등을 무제한으로 마실 수 있는 노미호우다이飲
み放題 시스템도 큰 인기를 끌고 있다. 일본주와 와인, 맥주를
무제한으로 제공하는 가게는 연일 발 디딜 틈이 없다. 특히
여름철에는 유명 백화점이나 쇼핑센터도 '비어가든 다베호
우다이ビアガーデン食べ放題'라 해서 옥상에서 시원한 바람을 맞
아가며 무제한으로 술과 음식을 즐길 수 있는 뷔페를 운영한
다. 비어가든 다베호우다이의 경우 술 한잔으로 무더위를 이
겨내는 한편, 소중한 벗이나 직장 동료와 오붓한 시간을 보내
기 위해 많은 일본인이 애용하는 데다 크고 작은 이벤트도 마
련되어 있다. 따라서 단순히 많이 먹는 것에 그치지 않고 일본
인들의 다양한 표정이 보고 싶은 이들에게 강력히 추천한다.

※ 사전 예약이 필요한 곳도 있고 현지 접수 후 바로 입장 가능
한 곳도 있다.

혼밥의 역사는 하루아침에 이루어지지 않았다

온 가족이 한자리에 모여 밥을 먹는 전통이 짙게 남은 우리 사회에서 혼자 밥을 먹는 것[혼밥]은 타인의 시선을 의식해야 하는 일이었다. 그런데 몇 해 전 매스컴에서 '혼밥'이라는 단어가 등장하더니, 이내 혼밥족을 위한 전용 식당과 술집, 맞춤 요리가 등장하며 혼자 밥을 먹는 행위가 더 이상 이상한 일이 아니게 되었다.

그런 우리와 달리, 일본은 이미 몇 백 년 전에 혼밥 문화가 정착했다. '일본 음식' 하면 떠오르는 덴푸라와 스시, 장어덮밥, 소바 등이 혼밥 문화와 함께했다.

참근교대 제도와
넘쳐나는 단신부임자

도요토미 히데요시 사후 일본 전역을 손아귀에 넣은 도쿠가
와 이에야스는 전국 각지에서 실력을 행사하던 다이묘들을 통

제하기 위해 참근교대제를 실시했다. 참근교대제란 지방 다이
묘들에게 '영지에서의 지배권'을 인정해주는 대신 정기적으로
에도에 올라와 일정 기간 머무르도록 하는 한편, 식솔을 볼모
로 에도에 붙잡아두던 제도를 말한다. 초창기에는 참근교대제
의 강제성이 크지 않았지만, 1635년 에도 막부의 3대 쇼군將軍

이었던 도쿠가와 이에미쓰德川家光가 개정한 무가제법도武家諸法度에 의해 의무화되면서 다이묘들은 1년 주기로 본인의 영지와 에도를 오가며 번갈아 생활해야 했다.

다이묘들이 한 번 이동할 때마다 적게는 수백 명, 많게는 수천 명에 이르는 인력이 동원되었고, 비용 또한 엄청나게 소요되었다. 한 예로, 에도 시대 최고 명문가로 손꼽히던 가가번加賀藩(지금의 이시카와현에서 도야마현에 이르는 지역)의 다이묘 마에다前田 가문은 1808년의 참근교대 비용으로 은 332관 466문을 지출했다. 이를 오늘날 금액으로 환산하면 4억 3,000만 엔가량이라고 한다(1관은 125만 엔에 해당). 그러나 이는 통행과 교통, 숙박 등 순전히 이동에 든 비용만 계산한 것으로, 행렬에 참가한 인력 2,000여 명에게 지급한 수고비와 품삯까지 포함할 경우 지금의 가치로 7억 엔까지 치솟는다.

이렇듯 매 이동에 막대한 비용이 소요되는 탓에 다이묘들은 만성적인 재정난에 시달렸다. 뿐만 아니라 영지에서 데려온 수백 명의 무사와 일꾼에게 지불하는 '월급'도 이들의 목을 옥죄었다. 때문에 다이묘들은 정기적으로 돈이 나올 구멍을 찾고자 장인을 우대하며 상공업 융성에 힘썼다. 능력 있는 장인을 우대하는 한편, 돈이 되는 기술이 타 지역에 유출되는 것을 막기 위해 기밀 유지에도 심혈을 기울였다.

이렇게 다이묘들이 정기적인 이동으로 등골이 휘는 사이, 수도 에도는 급속한 인구 증가와 함께 대규모 상권을 갖춘 대도시로 변모했다.

집에서 밥을
먹지 못한 사연

그런 가운데 1657년, 에도 전역을 휩쓴 메이레키 대화재明曆の 大火로 인해 많은 건물과 시설이 사라졌다. 이에 도시 복구를 위해 대규모 노동력이 필요해졌고, 전국 각지에서 일용직 노동자들이 에도로 몰려들었다. 역사는 이들을 단신부임자單身赴 任者라 부른다.

1693년에 막부가 실시한 인구 조사에 따르면, 에도의 인구는 35만 명*이었다. 이 중 70퍼센트를 차지한 단신부임자 중 상당수는 나가야라는, 고시원과 흡사한 다세대 주택에 살았다. 적게는 열댓 명, 많게는 수십 명이 거주한 이 건축물은 만성 주택난에 시달리던 에도(당시 인구 100만 명)에 있어 가뭄 속 단비와 같았다. 그러나 목재로 지은 데다 건물들이 다닥다닥 붙어 있던 탓에 조그만 실수가 큰 화재로 이어지기 일쑤였다.

때문에 건물주들은 화재 방지 차원에서 실내에 공용 부엌을 두고 공동 취사를 장려했다. 건물주 입장에서는 화재를 줄일 수 있어 좋았겠으나 긴 일과를 끝내고 집에 돌아온 단신부임자들이 공동 취사장에서 차례를 기다리며 음식을 만들어 먹는 것은 여간 피곤한 일이 아니었다. 게다가 당시에는 '집안일은 여성이 하는 것'이라는 사회적 인식이 강했으므로 직접 밥을 지어 먹는 단신부임자는 극히 드물었다. 그러다 보니 이들 단신부임자를 대상으로 장사를 하는 식료품점을 비롯해 갖가지 음식을 판매하는 노점이 생겨났다.

대표적인 예가 음식을 지고 거리를 오가며 판매하는 가쓰기야타이^{担ぎ屋台}와 오늘날의 포장마차와 흡사한 야타이미세^{屋台見せ}였다. 특히 야타이미세는 화재 우려로 화기^{火器} 사용에 조심스럽던 시기, 불을 이용한 요리가 가능하다는 장점을 활용해

---

* (앞쪽) 1693년 인구 35만이라는 수치는 '무사 집안 식솔'(집안 일꾼 포함)을 뺀 숫자로, 실제 이 시기 에도 인구는 70만 명에 육박했을 것으로 추측한다. 1721년에 실시한 인구조사에서는 501,394명을 기록했고 여기에 무사 집안 식솔을 더하면 100만 명을 넘겼을 것이라 추측되므로, 각종 역사 자료는 1720년에서 1730년 사이에 인구 100만 명을 넘겼을 것이라 기술한다.

에도 시대 나가야
(에도-도쿄 박물관, 재현)

에도 시대의 덴푸라 야타이
(에도-도쿄 박물관, 재현)

덴푸라와 장어구이 등을 팔며 큰 사랑을 받았다. 그 수도 엄청나서, 1804년 기록에 따르면 에도 시내 전역에 6,165곳의 야타이미세가 존재했다고 한다. 특히 간단히 먹을 수 있는 스시와 익힌 채소, 구운 생선, 소바, 덴푸라 등을 팔던 노점 앞에는 손님들의 줄이 끊이질 않았다.

진화하는
혼밥 문화

이런 역사적 배경으로 혼밥 문화가 깊게 뿌리내린 일본에서는 혼자 밥 먹는 것이 예삿일이다. 거리에 깔린 식당 내부로 눈을 돌리면 카운터석에 빙 둘러앉아 홀로 식사를 즐기는 직장인들의 모습이 눈에 들어온다. 다만 박봉의 샐러리맨 특성상, 비싼 음식 대신 규동牛丼이나 각종 정식, 라멘 및 우동 등 1,000엔 이하의 음식으로 허기를 채우는 게 일반적이다. 또한 이들이 애용하는 가게 중에서는 서서 먹는[다치구이立ち食い] 식당도 적지 않다.

외국인들은 서서 음식을 먹는 게 낯설고 부담스러울지도 모

박봉의 샐러리맨들의 천국,
다치구이 식당

르나 일찍이 야타이 앞에 서서 음식을 사 먹는 게 일상이었던 일본인들에게는 앉아서 먹는 가게보다 싸게 끼니를 해결할 수 있는 다치구이 식당이 반갑게 다가온다. 역 주변이나 사무실이 많은 거리를 걷다 보면 선 채로 국물을 들이켜는 손님들의 모습을 쉽게 찾아볼 수 있는 이유다.

재미로 보는 에도의 생활 물가

에도 시대의 화폐 단위는 '문'으로, 1문은 현재 가치로 대략 25엔
에 해당한다.

1. 이자카야에서 팔던 술 한 잔(180ml): 30문(750엔)

2. 삶은 달걀 한 개: 20문(500엔)

3. 노점에서 팔던 우동/소바 한 그릇: 16문(400엔)

4. 오뎅 한 접시: 4문(100엔)

5. 구운 두부 1인분: 5문(125엔)

6. 쌀 1.5kg: 150문(3,750엔)

7. 고기 나베: 소 50문(1,250엔), 중 100문(2,500엔), 대 200문
    (5,000엔)

8. 문어 다리 한 접시: 4문(100엔)

9. 미소 고등어 조림サバの味噌煮: 4문(100엔)

10. 유부초밥 2개: 8문(200엔)

11. 목욕탕 요금: 8문(200엔)

12. 이발소 요금: 32문(808엔)

13. 나가야 월세: 600문(15,000엔)

14. 요리사 일당: 300문(7,500엔)

15. 건설직 일용 노동자 일당: 400~600문(10,000~15,000엔)

일본인의 밥상,
스시

김치가 한국 음식이고 피자가 이탈리아 음식이듯, 스시寿司가 일본 음식이라는 것에는 누구도 이견을 달지 않는다. 그런데 사실 이 스시는 기원전 3세기, 중국에서 한반도를 거쳐 벼농사와 함께 일본에 전래된 음식에서 기원한다.

스시, 사실은
물 건너온 음식

일반적으로 음식 이름에는 그 식재료나 조리법이 들어 있다.

다양한
니기리즈시

'김치+찌개'나 '도리とり(닭)+텐てん(튀김)'처럼 말이다. 그런데 스시라는 음식 이름을 통해서는 그 재료나 조리법을 알 수 없다. 그래서 스시의 어원語源을 두고 여러 의견이 존재하는데, 시다(슷파이酸っぱい)라는 형용사에서 파생한 스시酸し에서 유래했다는 설이 가장 유력하다. 다만, 이를 뒷받침하는 근거가 부족한 탓에 정설로 인정받지는 못한다. 대신 스시를 나타내는 세 가지

한자 鮓, 鮨, 寿司를 통해 지난 시간 이 음식이 어떤 변화를 거쳐 식탁에 올랐는지 추측은 가능하다.

먼저, 긴키近畿(오사카부, 나라현, 교토부, 효고현, 시가현을 포괄하는 지역)에서는 발효한 밥과 소금 친 생선을 함께 절인 음식이라는 의미로 鮓(생선젓 자)를 썼다. 이어서 중국에서 생선 젓갈을 가리킬 때 쓰던 鮨(물고기 젓 지)도 스시를 나타내는 한자다. 풀이하는 말이 '생선젓'과 '물고기 젓'이기에 두 한자의 뜻이 같은 것처럼 보이지만, 鮓는 생선절임을, 鮨는 생선젓갈을 뜻하는 다른 글자였다. 그런데 옛 일본 사람들이 鮨를 鮓와 같은 의미라고 혼동하면서 언제부턴가 두 글자의 의미 차이가 모호해졌고, 그 결과 둘 다 스시를 의미하는 한자가 되었다고 한다.

마지막으로는, '좋은 일을 관장하다.'라는 뜻을 갖는 寿を司る(고토부키오 쓰카사도루)에서 유래한 寿司가 있다. 운송과 생선 저장 기술이 발달하지 않은 에도 초기, 스시는 상류층이나 즐기는 고급 음식으로 서민들은 생일이나 혼례 등 중요한 행사 때나 먹을 수 있었기에 '좋은 일이 있을 때 먹는 음식'이라는 의미에서 파생해 스시寿司라 표기한 게 오늘에 이르렀다고 한다.

이제부터는 스시를 수식하는 한자를 통해 스시가 어떤 변천을 겪었는지 설명하려 한다.

스시가 지금 같은
모양을 갖게 되기까지

소금과 식초, 설탕으로 간을 한 밥을 뭉치고 생선을 올린 후 간장에 찍어 먹는 걸 니기리즈시握り寿司라고 한다. 손으로 움켜쥐어(니기루握る=손으로 쥐다) 만든다 해서 니기리즈시라 불리는 이 음식은 에도 시대 중엽, 등장하기가 무섭게 인기를 끌었다. 그도 그럴 게 맛과 신선함, 조리법까지 기존의 스시와 현저한 차이를 보였기 때문이다.

니기리즈시가 등장하기 전, 일본 사람이 인식한 스시는 소금에 절인 생선의 배를 갈라 밥알을 넣은 다음 최대 1년간 발효시킨 후 삭은 밥은 버리고 발효된 생선만 먹는 것으로, 이를 나레즈시熟鮨라 불렀다. 또한 무로마치 시대(1336~1573)에는 기존의 나레즈시보다 발효 시간을 훨씬 짧게 가진 다음 소금에 절인 밥과 함께 먹는 나마나레生成 스시가 등장했다.

17세기 초에는 밥과 생선에 식초를 버무려 먹는 하야즈시早鮨가 인기를 끌었다. 식초 덕에 발효 시간이 대폭 단축(2~3일)되면서 누구나 하야즈시를 먹을 수 있게 되었고, 이와 함께 신선한 생선의 맛에 눈을 떴다.

하야즈시가 인기를 끌면서 덩달아 식초 산업도 성장했다. 그 중 하나가 일본 최대 식초 메이커인 '미쓰칸식초ミツカン酢'(1804년 창업)로, 창업자인 나카노 마타자에몬中野又左衛門(이후 역대 후계 경영자들이 이름을 물려받아 썼다)이 사케가스酒粕(술을 거르고 남은 지게미)로 식초를 만들었는데, 당시 사람들에게 큰 인기를 끌었다.

이렇듯 식초와 스시가 악어와 악어새처럼 서로에게 의지하는 사이, 수도인 에도 시내 곳곳에 자리한 식당과 노점 입구는 니기리즈시를 맛보려는 인파로 북적거렸다. 그리고 19세기가 되자 에도 앞바다에서 잡아 올린 신선한 생선으로 만든 스시가 인기를 끌었다. 에도 앞바다에서 잡은 생선으로 만들었다 하여 에도마에즈시江戸前寿司라 부르는 이 음식이 바로 오늘날 일본인이 자랑하는 스시의 완성판이다. 20세기 초까지 도쿄에서 주로 소비되다가 간토 대지진(1923년) 이후 도쿄의 스시 요리사들이 전국 각지로 이동해 에도마에즈시를 소개하며 전국구 음식이 되었다. 그 결과 지금 이 순간에도 많은 이가 스시 전문점에 들러 신선함을 즐기고 있다.

간혹 현지에서 아가리あがり(식후 입가심으로 마시는 뜨거운 차), 오아이소おあいそ(계산), 나미다なみだ(고추냉이) 등 스시 전문 용어를 쓰는 사람이 있다. 그러나 이들 용어는 고객이 아니라 종업원들이 쓰는 것으로, 일반 손님들은 오차お茶(차), 오카이케お会計(계산), 와사비(고추냉이) 등의 용어만 알아도 충분하다. 단, 같은 전문 용어라도 가리ガリ(말린 생강)와 샤리シャリ(초밥)는 사용해도 상관없다.

일본 회전 스시의 원조, 겐로쿠스시

컨베이어 벨트 따라 뱅뱅 돌아가는 스시를 한 접시씩 골라 먹는 재미가 쏠쏠한 회전 스시는 1950년대 오사카에서 탄생했다. '겐로쿠스시元禄寿司'의 창업주인 시라이시 요시아키白石義明가 맥주 공장에서 돌아가는 컨베이어 벨트를 보고는 '가게에 컨베이어 벨트를 설치한 다음 그 위에 스시를 올려 손님들이 집어 먹도록 하면 좋겠다.'라는 아이디어를 낸 것이 회전 스시의 시초가 되었다.

겐로쿠스시가 회전 스시 시스템을 도입하자 이를 따라 하는 가게들이 생겼고, 전국 규모의 회전 스시 체인점도 등장했

회전 스시의
현재

다. 이들 체인점은 저렴한 가격에 다양하고 신선한 스시를 제공하며 큰 사랑을 받았다. 특히 스시로スシロー는 해외에 지점을 내기도 했다. 이러한 상승세는 코로나19 여파에도 지속했다. 2021년, 코로나19의 장기화에도 불구하고 회전 스시 업계 규모는 전년 대비 8.8퍼센트 상승한 6,738억 엔을 기록했고, 2022년에는 7,011억 엔까지 규모를 불렸다. 하지만 얼마 전, 잇따라 발생한 민폐 테러로 큰 타격을 받았다.

사건은 바야흐로 2023년 초. 기후현岐阜県의 한 스시로 체인점에 방문한 남자 고등학생이 혀로 간장통을 핥는 등의 민폐 행위를 한 모습을 담은 동영상이 인터넷에 확산했다. 그 결과 스시로의 모기업인 주식회사 푸드라이프컴퍼니Food Life Companies는 하루 만에 시가총액 약 170억 엔이 증발했다. 하지만 그 이후로도 그릇에 침을 바르는 등의 민폐 행위가 이어지면서 회전 스시 업계는 큰 위기에 빠졌다.

회전 스시 체인점들은 민폐 행위를 근절하기 위해 손해 배상 청구는 물론이고, 민폐 고객의 행동을 사전에 감지하는 AI 카메라를 도입하는 한편, 간장 종지를 없애거나 주문받은 스시만 컨베이어 벨트에 올리는 등의 방법으로 음식 테러를 근절하려 하고 있다. 그럼에도 불구하고 고객들의 마음에 이미 자리한 거부감을 없애기까지는 상당한 시간과 비용이 들 것으로 보인다.

스시 전문점에서 스시 맛있게 먹기

1. 젓가락으로 스시를 옆으로 눕히듯이 집어 올린 다음 간장에 찍어 먹는다. 단 군칸마키같이 부피가 큰 스시를 옆으로 눕힐 경우 뭉쳐 놓은 초밥이 무너질 수 있으므로 간장을 살짝 찍은 가리ガリ(말린 생강)를 스시 위에 올린 후 곧장 입에 넣는다

2. 간장은 초밥(밥)이 아닌 생선(스시)에 찍어 먹는다. 단 이때는 생선 끝 부분만 살짝 간장에 닿도록 하자. 생선 전체를 간장에 버무리면 스시 본연의 맛이 사라진다.

   ※ 새우 스시, 장어 스시와 같이 간이 되어 있는 생선은 간장을 찍지 않아도 된다.

3. 스시를 입에 넣을 때는 밥알이 아닌 생선이 혓바닥에 오도록 한다. 그래야 스시 특유의 신선함을 느낄 수 있다.

4. 스시를 먹는 순서는 담백한 맛의 흰살 생선(광어, 도미 등)을 시작으로 서서히 깊은 맛을 자랑하는 붉은살 생선으로 가는 것이 정석이다. 그렇게 해야 각각의 스시가 가진 맛을 골고루 음미할 수 있기

때문이다.

5. 모둠 스시를 주문한 경우, 가장 왼쪽에 놓인 것부터 오른쪽 방향으로 먹는다.

6. 스시는 한입에 먹는 게 매너!

7. 간장에 고추냉이(와사비)를 풀 경우 고추냉이 향이 간장에 희석되면서 고추냉이 향과 살균 효과가 반감된다. 따라서 고추냉이는 간장에 풀지 않고 스시 위에 살짝 올려 먹는 것이 좋다.

8. 맛이 진한 스시를 먹은 후에는 말린 생강 한 조각으로 입 안을 깔끔하게 하자. 다음 스시를 보다 맛있게 즐길 수 있다.

9. 스시 그릇에 따라 그 가격이 달라진다.

10. 빈 그릇은 차곡차곡 포개놓자.

11. 고급 스시 전문점에 가면 스시 장인이 직접 엄선해주는 오마카세 おまかせ에 도전해보는 것이 좋다.

• 스시를 즐기기 위해 알아두면 좋을 일본어

발음	일본어	뜻
가레이(카레이)	カレイ	가자미
가니(카니)	カニ	게
고이카(코우이카)	甲イカ	갑오징어
다이(타이)	鯛	도미
마키즈시	巻き寿司	김말이 스시
부리	ぶり	방어
사바	サバ	고등어
사케	鮭	연어
쇼가	しょうが	생강
쇼유	醬油	간장
스시메시	すし飯	초밥
아나고	あなご	붕장어
아와비	アワビ	전복
에비	エビ	새우
오토로(오오토로)	大トロ	참치 뱃살 부위
우니	ウニ	성게 알
이나리	稲荷	유부초밥
이카	イカ	오징어
이쿠라	イクラ	연어 알
호타테	ホタテ	가리비
후구	ふぐ	복어
히라메	ひらめ	광어

알고 마시면 맛이 두 배, 일본주

일에 치이고 상사에게 치여 몸도 마음도 너덜너덜해진 귀갓길, 집 근처 이자카야居酒屋에 들러 먹음직스러운 안주에 일본주(니혼슈日本酒) 한 잔으로 뻥 뚫린 마음을 달래는 그런 일상. 차가운 바람 불어 옷깃을 여미는 추운 겨울날, 모락모락 수증기 피어오르는 온천에 몸을 담근 후 정갈한 가이세키 요리에 술 한 잔 기울이는 아늑한 낭만.

이렇듯, 일본인에게 일본주는 일상 속 찌든 때를 벗겨주는 든든한 동반자다. 그러니 이를 빼고 일본인의 일상을 논할 수 없다. 그러다 보니 일본의 속살을 들여다보려는 여행자들은 이자카야나 심야식당에 들러 술잔 기울이기를 희망한다. 하지만 그 종류가 천차만별인 탓에 무턱대고 "일본주 주세요."라고 주문했다가는 "어떤 걸로 드릴까요?"라 돌아오는 되물음에 당황하게 마련이다. '일본주가 일본주지, 뭔 종류까지 나눠?'

일본 술이 아니라
일본주!

이야기에 앞서, 일본주의 정의를 알아둘 필요가 있다. '일본'주라고 하니 일본 사람들이 주로 마시는 술 혹은 일본에서 만든 술을 통칭하는 것 같지만, 그렇지 않다. 쌀을 발효시켜 빚는 술 중에서 맑게 거른 술, 즉 청주清酒를 일본주라고 한다. 한국 사람들이 일본 청주를 부를 때 흔히 쓰는 '사케さけ'는 술 자체를 뜻하는 일본어다.

그렇다면, 일본주는 어떻게 만드는 걸까? 일본주조조합중앙회日本酒造組合中央会에 따르면, 주원료로 쌀을 사용하는 한편, '고스'라는 공정을 거친 술을 일본주라 칭한다. 고스こす란 걸러지지 않은 상태의 술인 모로미もろみ를 발효 및 여과, 살균해 원주原酒와 술지게미로 나누는 과정으로, 이 과정을 거치면 맑

교토의 후시미는 일본 3대 양조 지역 중 하나로,
교토 양조장들은 자신들이 생산한 술을 후시미이나리 신사에 바치곤 한다.

고 투명한 일본주가 탄생한다.

온도에 따라 맛과
향이 달라지는 일본주

쌀과 누룩을 숙성 발효해 만든 일본주는 주조 방식과 온도에 따라 맛과 향이 달라진다. 먼저 주조 방식에 따라 다음과 같은 네 가지로 분류한다.

1. 군슈薰酒: 향이 진한 타입

2. 주쿠슈熟酒: 숙성 타입

3. 소우슈爽酒: 매끈하고 부드러운 타입

4. 준슈醇酒: 맛이 진한 타입

일본주의 종류에 따라 궁합이 맞는 음식도 달라진다.

진한 향이 일품인 군슈는 풍미가 강한 음식보다는 조개와 굴 같은 어패류와 함께 즐기는 게 좋다. 반면 오랜 숙성을 거치며 쓴맛과 감칠맛을 띠게 된 주쿠슈는 뱀장어 양념구이나 돼

지고기조림(부타노카쿠니豚の角煮) 등 맛이 진한 음식과 함께 먹는
경우가 많다.

매끈하고 부드러우며 산미가 적은 소우슈는 시원하게 마시
거나 생굴, 두부, 문어 가라아게를 곁들여 마신다. 준슈는 걸쭉
한 소스를 더한 고등어된장찜이나 소스가 올라가는 구운 닭,
돈가스 등과 찰떡궁합인 것으로 평가받는다.

뿐만 아니라 술 종류에 따라 '마시기에 적합한 온도'가 달라
진다. 군슈는 10~16도의 온도로 마시는 것이 좋고, 주쿠슈는
차갑게 해서 마시는 것이 이상적이다. 소우슈는 15도에서 35
도 사이의 온도가 가장 적합하며, 준슈는 10도에서 45도 사이,
쉽게 말해 다소 차갑게 마시거나 살짝 데워 마시면 깊은 풍미
를 즐길 수 있다.

그런 가운데, 마시는 온도에 따라 명칭이 따로 붙기도 한다.

· 5도 정도: 유키히에雪冷え

차가운 곳에 보관하여 술병에 결로가 생긴 상태. 차가운 가운데

향이 없으며 은은한 맛이 맴돈다.

· 10도 정도: 하나히에花冷え

술병에 손을 댔을 때 '차갑다는 느낌이 전해질 만큼' 냉장 보관한 상태. 이 상태의 술을 꺼내 따르면 시간이 흐르면서 은은한 향이 퍼지는데, 이때의 술맛은 굉장히 섬세한 느낌이라고 한다.

· 15도 정도: <u>스즈히에涼冷え</u>
술병을 냉장고에서 꺼내 잠시 상온에 두었다 마시는 것으로, 그윽하면서도 화려한 향이 나는 것이 특징이다.

· 20도 정도: 시쓰온室溫 (추천)
돗쿠리(손잡이가 없는 술병)를 잡을 때 희미하게 차가움이 전해지는 정도를 시쓰온이라 하는데, 향이 굉장히 부드럽다. 20도가량의 온도는 일본 전통 가옥의 도마どま(신발을 신고 활동하는 집 안의 바닥) 온도와 같다고 하는데, 그런 만큼 자연 그대로의 시원함을 느끼고자 할 때 시쓰온으로 주문한다.

· 30도 정도: 히나타칸日向燗
차갑지도 뜨겁지도 않은 상태. 시쓰온보다 향이 진하며 부드러운 맛을 낸다.

· 35도 정도: 히토하다칸人肌燗

쌀과 누룩의 부드러운 향기를 느낄 수 있는 한편, 목 넘김이 좋다.

· 40도 정도: 누루칸ぬる燗

한 모금을 마셨을 때 '뜨겁다'기보다는 '따스함'이 전해지는 정도
로, 히토하다칸보다 풍부한 맛과 향을 즐길 수 있다.

· 45도 정도: 조우칸上燗

돗쿠리와 오초코(작은 사기 잔)를 쥐면, 살짝 뜨거움이 전해지는 상
태로, 술을 따르면 김이 인다. 또한 가라쿠치辛口(매우면서 쓴 맛)가
느껴지는 시점이기도 하다.

· 50도 정도: 아쓰칸あつ燗 (겨울철에 추천)

돗쿠리에서 김이 모락모락 피어오르는 정도로, 손으로 돗쿠리나
오초코를 집었을 때 '뜨겁다'는 느낌이 전해진다. 술의 향이 날카
롭고 목 넘김이 좋은 가라쿠치를 느낄 수 있어서 겨울철에 일본
인들의 두터운 사랑을 받는 일본주의 온도다.

· 55도 정도: 도비키리칸飛び切り燗

술의 향이 강하게 나며 술맛은 아쓰칸보다 쓰고 맵다.

사실 일본인들도 주조 방식과 온도에 따른 명칭 차이는 다 알지 못한다. 아울러 마시는 방법에 '정답'도 없다. 따라서 여행자들은 뜨뜻하게 몸을 데우고 싶을 땐 '아쓰칸', 시원한 기운으로 열기를 씻어내고 싶을 때는 '레이슈' 정도만 알아도 충분하다. 다만, 위 설명을 모두 숙지해놓으면 보다 감미로운 음주를 즐기는 데 큰 도움이 된다.

일본주를 담는
잔과 병

술을 마실 때 쓰는 병과 잔의 이름을 알아두면 좀 더 풍성하게 일본주를 마실 수 있다.

일본 정식 전문점이나 이자카야에서 일본주를 주문하면 술과 함께 네모난 나무 상자를 주는데, 이를 사케마스酒升라 부른다. 일본인들은 여기에 그대로 술을 따라 마시기도 하며, 이 네모 상자에는 1합(이치고 一合: 180밀리리터)가량의 술이 들어간다고

1합가량의 술이 담기는
사케마스

돗쿠리와
오초코

한다.

또한 사케마스 4잔 분량의 술을 담는 병을 시고우빈四合瓶이
라 하고, 사케마스 10잔 분량을 담는 술병을 잇쇼빈一升瓶이라
한다. 그리고 술을 따라 마시는 조그만 잔은 오초코ぉちょこ, 술
을 담아두는 손잡이가 없는 병을 돗쿠리徳利라 부른다.

색이 변하면 술 사러 오세요,
양조장의 간판 사카바야시

교토의 후시미伏見, 고베의 나다灘, 히로시마의 사이조西条 같
은 양조 마을을 비롯해 열도 각지에는 많은 전통 양조장이 남
아 있다. 그리고 이들 양조장 입구에는 약속이라도 한 듯 '동그
란 물건'이 걸려 있다. 사카바야시酒林라 부르는 이 물건은 삼
나무 잎을 동그랗게 뭉친 것으로(그래서 스기타마杉玉라고도 부른다),
술이 익었음을 알리는 표식 역할을 한다. 막 술을 빚은 시점에
초록색을 띠던 사카바야시는 점점 잎이 마르며 갈색으로 변하
는데, 이 색의 변화를 통해 술이 어느 정도 익었는지 가늠할 수
있다.

막 술을 빚었을 때의 초록색 사카바야시.
어느 정도 술이 익으면 갈색으로 변한다.

무엇에 쓰는 물건인고?
고모타루

에도 시대, 일본주로 명성이 자자하던 고베의 나다, 교토의 후
시미에서 빚은 술을 에도로 운송할 때 쓰던 고모타루菰樽는 삼
나무로 만든 통 겉면에 양조장 상표를 붙인 다음 이를 볏짚으

양조장의 상징,
고모타루

로 감싼 형태를 하고 있는데, 수백 년이 지난 현재에는 양조장의 상징이자 이자카야의 장식품 용도로 활용된다.

육로 운송이 일반적이었던 에도 시대 초기만 해도, 술통의 저장 용량은 2말(36리터)에 그쳤다. 말 한 마리에 술통을 두 개씩(말등 양쪽에 하나씩) 실어 옮겨야 했기 때문이다. 이후 일본 전역을 잇는 해상 운송망이 정비되고, 술만 전문적으로 운송하는 다루카이센樽廻船이 활약하며 4말(72리터, 가로 60 × 세로 60센티미

ℓ)짜리 통이 등장했다.

이 고모타루에 담긴 술은 다루자케樽酒라 하는데, 새해와 일본의 추석인 오봉お盆, 결혼식과 같이 중요한 행사 때 행복을 나누는 의미에서 모두가 나눠 마시기도 한다.

일본주를 고를 때
알아두면 좋을 팁

일본주의 맛을 가장 기본적으로 구분하면 아마쿠치甘口(부드럽고 달달함)와 가라쿠치辛口(맛이 다소 쓰고 진하며 단맛이 적음)로 나눌 수 있다. 술병에 붙어 있는 라벨을 보면 그 술이 어떤 맛을 가지고 있는지 알 수 있는데, +와 -로 그 맛의 정도를 표현하기 때문이다.

즉, +일수록 아마쿠치가 강하고, -일수록 가라쿠치가 강한 술이다.

일본인 친구 중 술 좀 마실 줄 안다는 이들과 전통 식당에 방문하면 술을 주문하면서 "물 한 잔 주시겠어요(오미즈오이타다케마스카お水をいただけますか)?"라고 덧붙인다. 일본주를 마실 땐 틈틈이 물로 입을 헹궈줘야 진정한 맛과 향을 느낄 수 있다는 게 그들의 주론酒論인데, 이렇게 입을 헹궈내는 것을 '야와라기미즈和らぎ水'라 부른다.

이자카야에서 자주 쓰는 일본어

발음	일본어	뜻
오히야	お冷	찬물
오시보리	おしぼり	물수건
오사라	お皿	접시
도리자라(토리자라)	取り皿	작은 접시
오차	お茶	차
코-스	コース	코스
단핀(탐삥)	単品(たんぴん)	단품(요리)
세토(셋또)	セット	세트(요리)
모리아와세	盛り合わせ	모둠
비-루	ビール	맥주
하이보-루	ハイボール	하이볼
구시야키(쿠시야키)	串焼き	꼬치구이
야키토리	焼き鳥	일본식 닭꼬치

야키토리를 주문할 때 사용하는 일본어

발음	일본어	뜻
세세리	せせり	닭의 목살
모모	もも	닭 넓적다리 살
가와(카와)	皮(かわ)	닭 껍질
사사미	ささみ	닭 가슴살
네기마	ネギマ	닭 다리나 가슴살 사이에 파를 넣은 꼬치
데바사키(테바사키)	手羽先	닭 날개

발음	일본어	뜻
난코쓰(난코츠)	なんこつ	닭 오돌뼈
기모(키모), 레바	キモ, レバー	닭 간
하쓰(하츠)	はつ(ハツ)	닭 심장(염통)
쓰쿠네(츠쿠네)	つくね	닭살을 다진 경단

주문 용어		
발음	일본어	뜻
오키마리데스카	お決まりですか?	주문 정하셨어요?
고추몬키마리데시타라 오요비쿠다사이	ご注文決まりでしたら、 お呼びください。	메뉴 정하시면 불러주세요.
고추몬와 이조데 요로시이데쇼우카	ご注文は以上で 宜しいでしょうか?	더 시킬 것 없으시지요?(의역)
메뉴 오사게시마스	メニューお下げします。	차림표 치워드리겠습니다.
라스토오다	ラストオーダー	마지막 주문
료슈쇼 히쓰요데스카	領収書必要ですか?	영수증 필요하세요?

일본인의 진짜 얼굴이
보고 싶을 땐 깃사텐으로

뜨거운 햇살 내리쬐는 공원을 가득 메운 매미 울음과 아이들의 환호성, 세월이 묻은 낡은 책방과 24시간 돌아가는 동전 빨래방, 아는 사람만 다니는 밥집과 이자카야…… 일본 하면 떠오를 법한 아날로그 풍경이 깔린 주택가에 자리한 일본 특유의 찻집 깃사텐.

허름한 건물, '喫茶店'이라는 글자가 붙은 입구 뒤로 펼쳐지는 실내에는 고풍스러운 장식과 은은한 커피 향이 흐르며 그 아래로는 다양한 군상이 저마다의 모습을 보인다. 분주하게 커피를 내는 주인장과 카운터석에 앉아 담배를 피우는 상고머리 할아버지, 한쪽 테이블에는 무표정하게 신문을 넘기는 중

깃사텐 하면
이런 풍경이 떠오른다.

년 남성, 멍하니 휴대폰을 들여다보는 젊은 여성, 그리고 마주
보고 앉아 이야기꽃을 피우는 사람들……. 이곳에서는 일본인
들이 평소 남에게 드러내지 않던 진짜 표정을 노출한다.

깃사텐은 카페?
아니죠!

'차를 즐기는 가게'라는 뜻을 가진 깃사텐喫茶店은 카페와 닮은
듯 다른 공간이다. 먼저, 음식점으로 영업 허가를 내야 하는 카
페와 달리, 깃사텐 영업 허가가 따로 있다. 이 때문에 가게에서
내는 음료의 종류와 음식의 조리 방식이 나뉜다. 주류 판매도
가능한 데다 브런치와 런치 등 식사 조리가 가능한 카페와 달
리, 깃사텐에서는 음식을 데우는 것 이상의 조리는 허용되지
않는다. 또한 술을 팔아서도 안 된다.

다만 카페로 영업 허가를 낸 곳이 깃사텐이라는 이름으로
영업하거나 깃사텐으로 영업 허가를 받았음에도 상호를 '○○
카페'라 붙인 사례가 적지 않다. 가게 상호를 정하는 데는 별다
른 규제가 없기 때문이다.

깃사텐은
커피와 함께

깃사喫茶는 가마쿠라 시대, 중국에서 전래된 말이다. 이후 일본의 차茶와 관련한 자료에 종종 등장한 이 단어는 19세기에는 찻집의 상호명으로도 쓰였다. 다만, 이들 가게는 어디까지나 전통적인 녹차만을 취급한 탓에 커피를 비롯해 다양한 음료를 제공하는 현재의 깃사텐과는 결이 달랐다.

한편, '일본 최초의 깃사텐이 어디냐'를 두고 의견이 분분한데, 많은 역사적 자료들은 1888년 도쿄 우에노上野에서 문을 연 '가히사칸可否茶館'을 가리킨다. 설립자인 테이에이케이鄭永慶* 가 '커피를 마시며 지식을 나누는 문화 교류의 장'이라는 모토로 세운 이 찻집에는 트럼프와 크리켓, 당구, 장기, 바둑 등 각종 오락 기구와 국내외 신문, 서적 등이 비치되었다. 그리고 실내에는 낭만적인 음악이 울려 퍼졌다. 때문에 영업 초기에는 이름 좀 날리던 지식인과 문화인들이 모이던 사교의 장으

---

* 중국계 일본인으로, 1874년 미국 예일대학교에서 유학하고 일본에 돌아와서 교사, 관료를 지냈다. 1892년 가히사칸을 폐업한 후 실의에 빠져 미국으로 건너갔으며 1895년 시애틀에서 사망했다.

일본 최초의 깃사텐으로 꼽히는
가히사칸을 기념하는 비석

로 화제를 모았다. 그러나 커피 한 잔이 소바 네 그릇에 육박하는 비싼 가격으로 인해 고객층이 한정된 한편, 최신식 설비에 따르는 유지비를 감당하지 못해 개점 4년 만에 문을 닫았다.

가히사칸이 최초의 깃사텐이라면, 현존하는 최고最古의 깃사텐은 1911년에 문을 연 '카페 파울리스타カフェー・パウリスタ'다. 창업주 미즈노 료水野龍는 1908년, 일본인 최초의 브라질 이민단 일행을 무사히 브라질까지 데려간 공로를 인정받아 브라질 정부로부터 10년간 총 10,000섬(60만 킬로그램)의 커피콩을 무상 지원받았다. 미즈노는 이를 밑천 삼아 긴자 한복판에 '카페 파울리스타'를 연 데 이어 브라질산 커피를 일본 전역에 소개하기 위해 전국 주요 도시에 체인점을 열었다(카페 파울리스타는 일본 최초의 커피 체인점으로도 알려져 있다). 서양 문화가 빠르게 확산하던 20세기 초, 카페 파울리스타를 비롯한 커피 체인점들은 큰 화제를 모았고 화선지에 물감 번지듯 이를 모방한 찻집들이 생겨났다.

카페 파울리스타의
모닝 세트

　그러나 유행은 그리 길게 가지 못했다. 1930년대, 일본의 중
국 본토 침략과 태평양전쟁으로 인해 해외에서 들여오던 원두
수급이 중단되며 커피콩을 확보할 수 없게 되었다. 많은 찻집
이 문을 닫았고, 커피의 인기도 급속도로 사그라졌다.

　한동안 일본인들의 머릿속에서 지워진 듯했던 커피는, 1950
년대 후반 일본에 주둔해 있던 미군의 영향으로 서구 문화가 퍼
지는 과정에서 다시 한 번 붐을 일으켰다. 때마침 비약적인 경제
성장으로 '여가 생활'에 대한 관심이 높아지면서 사람이 모이는

골목마다 커피와 여가를 즐길 수 있는 깃사텐 간판이 걸렸다.

이 무렵, 깃사텐은 단순히 차를 마시는 데 그치지 않고 지식을 공유하는 한편 밀접한 인간관계를 맺는 '커뮤니티의 중심'으로 발전했다. 특히 주인과 손님 간의 관계는 매우 특별했다. 이들은 판매자와 고객이라는 단편적인 관계에 그치지 않고, 일상을 공유하거나 여행을 함께 떠나는 등 깊은 유대감을 형성했다.

개성 강한
깃사텐들의 등장

같은 시기, 이색 찻집도 등장했다. 대표적인 것이 오늘날 스타벅스, 커피빈과 같이 카운터에서 주문과 계산을 동시에 하는 셀프형 깃사텐이다. 그리고 이들의 시초로 언급되는 곳은 1948년 도쿄 니혼바시에 문을 연 '미카도 커피 상회ミカド珈琲商会'(지금의 미카도 커피Mikado Coffee)다.

일본 최초로 커피 젤리를 개발한 것으로 유명한 창업주 가네사카 게이스케金板景助는 보다 저렴한 가격에 커피를 제공하기 위해 고민을 거듭했다. 당시 커피 한 잔 가격은 60~70엔

일본 최초로 모닝 서비스를
제공한 것으로 알려진 엘 브라질 입구

정도로, 국가 공무원 초임이 4,863엔이었던 걸 고려하면 상당
히 비싼 편이었다. 고민 끝에 가네사카는 고객들에게 원래 가
격의 절반에 커피를 제공하는 대신 서서 마시도록 하는 스탠
딩 매장을 도입했다.

이 시스템은 대성공을 거둬, 저렴한 값에 커피를 마시려는
이들이 가게에 몰려들며 큰 이익을 남겼다. 그리고 오늘날에

도 니혼바시의 미카도 커피 본점 1층에는 서서 커피를 마시는 스탠드석이 남아 있으며, 이곳에서는 좌석이 설치된 2층에서 마시는 것보다 저렴하게 커피를 즐길 수 있다. 미카도 커피에서 출발한 셀프 시스템은 이후 도토루 커피, 산마르크 같은 일본 내 커피 체인점의 등장에도 영향을 미쳤다.

이 밖에도 1960~70년대에 등장한 팝송 깃사텐, 재즈 깃사텐, 디스코 깃사텐 등 개성 강한 깃사텐이 일본 대중문화를 이끌었다.

깃사텐의 꽃,
모닝 서비스

깃사텐을 상징하는 것으로 모닝 서비스モーニングサービス[*]를 꼽을 수 있다. 1955년, 히로시마시에 있는 '엘 브라질エール·ブラジル'(현재도 영업 중)에서 처음 시작한 것으로 알려진 이 서비스는

---

[*] 모닝 서비스의 기원을 두고 세 가지 설(아이치현 이치노미야설, 아이치현 도요타설, 히로시마현 히로시마설)이 존재하나, 기록에 남은 최초의 모닝 서비스 제공 가게는 히로시마의 엘 브라질이다.

커피 한 잔과 달걀, 토스트 한 조각으로 구성된다. 엘 브라질의 창업주가 고안한 이 서비스는 커피 한 잔 값(50엔)에 10엔을 보태면 달걀프라이를 올린 토스트까지 커피와 함께 제공하는 메뉴로, 단시간에 입소문을 타기 시작해 현재는 일본 깃사텐을 대표하는 문화로 자리 잡았다.

'모닝 서비스'의 출발은 히로시마였으나 이를 전국적으로 확산한 곳은 아이치현의 나고야名古屋였다. 1950년대 후반, 고도 경제 성장기를 맞아 나고야시 외곽에 많은 공장이 들어서자 전국에서 노동자들이 몰려들었다. 앳된 얼굴을 한 이들부터 중년에 이르기까지, 얼굴 여기저기에 고단함이 묻어 있던 노동자들은 이른 아침부터 생계 전선에 뛰어들어야 했다.

이들 노동자의 애환을 달래고자 몇몇 깃사텐이 저렴한 가격에 모닝 서비스를 제공했고, 서비스를 개시하기가 무섭게 폭발적인 반응이 나타났다. 노동자들이 너나없이 깃사텐에 들러 모닝 서비스를 이용한 다음 출근한 것이다. 이런 열풍에 힘입어 골목마다 하나씩 깃사텐이 들어서기까지 했다. 현재는 '나고야=깃사텐 모닝'이라는 이미지가 전국으로 확산돼 있고, 이른 아침부터 유명 찻집 앞에는 깃사텐의 모닝 메뉴를 먹으려는 긴 대기 줄이 이어진다.

초기 형태를 그대로 유지한
엘 브라질의 모닝 세트

2019년 나고야시가 발표한 '시내 깃사텐 추이'에 따르면 총
3,111개의 깃사텐이 존재하는 가운데 한 가구당 연간 깃사텐
지출액은 12,768엔으로, 전국 평균(7,005엔)을 웃돌았다. 가히
'깃사텐의 고장'이라 부를 만한 통계다.

21세기,
일본인에게 깃사텐이란?

21세기에 이르러 전국 규모의 커피 체인점과 개성 강한 카페가 등장하며 깃사텐은 철 지난 대중문화로 인식되기 시작했다. 특히 분위기 좋은 공간에서 혼자만의 시간을 만끽하려는 젊은이들은 세대 구별 없이 왁자지껄 이야기보따리를 풀어놓는 깃사텐을 다소 부담스러운 곳으로 여긴다. 여기에 코로나 19의 장기화로 인해 단골들의 발길까지 끊어지며, 2021년 한해 일본 각지에서 161곳 넘는 깃사텐이 문을 닫았다.

그럼에도 불구하고, 여전히 세기말 향수와 인정이 남아 있는 깃사텐을 선호하는 이가 많고, 이른 아침 저렴한 가격으로 주린 배를 채울 수 있는 공간으로서도 가치가 충분하기에, 앞으로도 오래오래 깃사텐의 역사가 지속할 것으로 보인다.

나고야 깃사텐의 선두 주자에서
일본 최대의 깃사텐 전문점으로, 코메다 커피

1968년, 나고야에서 문을 연 코메다 커피Komeda Coffee는 모닝 서비스와 함께 큰 인기를 누리며 일본 최대 깃사텐 프랜차이즈로 성장했다. 본점인 나고야점을 비롯해 전국 950여 개(2023년 기준)의 체인점을 둔 코메다 커피에서는, 일본인이

코메다 커피의
모닝 서비스

즐겨 찾는 모닝 메뉴를 즐길 수 있다.

코메다 커피 모닝 세트

주문 가능 시간: 영업 개시(07:00)에서 오전 11시까지

A세트 : 토스트(버터/마가린), 삶은 달걀+커피 한 잔

B세트 : 토스트(버터/마가린), 으깬 달걀+커피 한 잔

C세트 : 토스트(버터/마가린), 나고야 명물 오구라 팥+커피 한 잔

일본의 국민 음료 라무네에
구슬이 들어 있는 이유는?

식욕을 돋우는 주전부리가 차고 넘치는 일본. 특히 '라무네'라
부르는 탄산음료와 건강식 비스킷 '비스코', 짭짤한 감자 과자
'자가리코'는 오랜 시간 세대 불문 많은 사랑을 받고 있다.

일본의 국민 음료
라무네

기다란 유리병 입구를 동그란 구슬로 봉한 라무네ラムネ는 100
년 넘게 사랑받아온 일본의 국민 탄산음료다. 이 음료가 일본

교토부 아마노하시다테天橋立에서 파는
라무네

사회에 등장한 계기는 지금으로부터 약 170년 전인 1853년으
로 거슬러 올라간다.

에도 근교 우라가항浦賀港 근처에 군함을 정박한 채 개항을
요구하던 미국 페리 제독 일행과의 협상을 위해 막부 대신들
이 군함에 올라탔다. 협상에 앞서 미군 측은 대신들에게 레모

네이드를 건넸고, 누군가가 병을 막고 있는 코르크 마개를 여는 순간 뻥 하는 소리가 났다. 이를 총소리로 착각한 대신들이 "총이다!"라고 외치며 칼집을 잡았다는 웃지 못할 에피소드가 일본 최초의 탄산음료 기록으로 남았다.

이후 시간이 흘러 서구 문물이 소개되는 과정에서 레모네이드를 파는 가게가 생겼다. 1865년, 잔폰(짬뽕)으로 유명한 나가사키에서 후지세 한베에藤瀬半兵衛라는 사람이 레몬수レモン水라는 이름으로 일본 최초의 레모네이드를 팔기 시작했다. 하지만 이 시기 일본 사람들에게는 레모네이드의 '레'가 '라'로 들리는 등 발음 자체가 어렵게 느껴진 탓에, 원래 명칭 대신 레모네이드를 줄여 발음한 '라무네'로 알려졌다. 이로부터 몇 년이 지난 1872년 5월 4일, 사업가 지바 가쓰고로千葉勝五郎는 일본 최초로 청량음료 제조 허가를 얻어 라무네 생산에 돌입했다. 이를 기념하며, 일본청량음료협회에서는 5월 4일을 '라무네의 날'로 지정했다.

입구를 막은
동그란 유리구슬

라무네 하면 가장 먼저 떠오르는 이미지는 병 입구를 막은 동그란 유리구슬 '비타마ビ─玉'다. 그런데 처음부터 유리구슬이 뚜껑 역할을 한 건 아니었다. 원래는 코르크 마개로 입구를 봉했다. 하지만 19세기 말, 시중에 유통되던 코르크 마개는 상당히 고가였다. 게다가 완전 밀봉도 안 돼 탄산이 새어나가는 일이 속출했고, 이로 인해 판매업자들은 손님에게 항의를 받기 일쑤였다. 이를 해결해준 것이 코드넥 보틀Codd-neck bottle이었다. 1872년, 영국인 하이럼 코드Hiram Codd가 발명한 이 유리병은 병 입구보다 큰 유리구슬이 탄산의 압력에 의해 입구를 막도록 한 것으로, 미국을 거쳐 1888년 일본에 들어와 '라무네 병'이 되었다.

라무네 병에 음료를 넣고 밀봉하는 과정은 다음과 같다.

1) 입구가 넓은 유리병에 유리구슬을 넣는다.
2) 유리병 입구 부분을 가열해 구슬이 빠져나오지 못할 정도로 좁게 만든다.

3) 라무네 원액을 넣는다.

4) 병 속에 찬 공기가 빠져나올 구멍을 확보한 상태에서 탄산을 주
   입한다.

5) 탄산 주입이 끝남과 동시에 병 안의 공기를 뺀다. 그러면 탄산
   이 병 안을 가득 채우게 되는데, 이때 병을 거꾸로 돌린다. 그러
   면 탄산의 압력에 의해 구슬이 밀려 나오면서 입구를 막는다.

위 공정을 거쳐 생산된 라무네는 톡 쏘는 맛과 주둥이를 밀
봉한 동그란 구슬을 누를 때 얻는 손맛으로 큰 사랑을 받았다.
특히 1953년에는 8,300만 리터라는 기록적인 생산량을 올리
며 일본 탄산음료 생산량의 절반 이상을 차지하기도 했다. 하
지만 이런 라무네의 인기는 1960년대 들어 콜라와 환타 등 다
양한 탄산음료가 등장하며 내리막길을 걸었다.

그러다 1980년대가 되어 라무네 붐이 재차 일었다. 버블 경
제로 호황을 누리던 일본 사회에서는 관광업이 크게 성장했고,
이에 발맞춰 몇몇 지역에서 관광객 유치를 위해 지역성을 입힌
라무네를 판 것이다. 특히 온천 관광으로 손님을 모으던 지역에
서 입욕 후에 마시는 음료로 '지역 그림이 그려진 라무네'를 내
놓아 큰 인기를 끌었다. 이를 계기로, 현재까지 라무네는 전국

관광지에서 만나볼 수 있는 존재로 명성을 이어나가고 있다.

비스킷에 효모를 넣는 방법,
비스코

오사카 도톤보리에는 밝은 표정으로 두 팔을 활짝 벌린 남자
가 그려진 간판이 있다. '도톤보리 글리코 사인道頓堀グリコサイ
ン'(일명 글리코맨)이라 불리는 이 간판은 1935년에 설치된 이래
80년 넘게 오사카의 심벌로 군림하고 있다. 때문에 많은 여행
객이 간판 앞에 놓인 다리 위에 서서 글리코맨 포즈를 취한 채
사진을 찍으며 추억을 남기곤 한다.

이 간판을 내건 에자키글리코江崎グリコ는 오사카를 거점으로
한 과자 제조 업체로, PRETZ, POCKY(빼빼로의 시초) 등 일본
사람들이 열광하는 과자를 내놓은 제과 업계의 큰손이다. 그
리고 이 기업이 승승장구하는 데 일등공신 역할을 한 존재가
지금부터 소개할 비스코ビスコ다.

1919년 창업주 에자키 리이치江崎利一는 신제품 개발 중 펄
펄 끓인 굴牡蠣 국물에 글리코겐 성분이 함유되었다는 것을 발

견했다. 2년 후 그는 굴 국물에서 추출한 글리코겐을 캐러멜에 넣은 과자를 발명했다. 글리코겐이 들어갔다 해서 '글리코'라 이름 붙인 이 과자 포장지에는 양 팔을 든 채 골인하는 육상 선수가 그려지게 되었는데, 이 디자인이 앞서 언급한 도톤보리의 상징 '글리코맨'이다.

그런데 출시 초기에는 이미 쟁쟁한 제과 업체들이 내놓은 과자들이 다수 존재했다. 이들 사이에서 신생 업체인 글리코가 살아남는 건 녹록지 않은 일이었다. 하지만 '일류 판매점에 진열하면 일류 상품으로 평가받는다.'라는 생각으로 주요 백화점에 '납품 영업'을 시도한 에자키 사장의 집념이 통했다. 1922년 2월 오사카 미쓰비시 백화점이 글리코를 납품받기로 결정한 것을 계기로 소비자들에게 불티나게 판매된 것이다.

그리고 10년 후 에자키 사장은 또 다른 걸작을 내놓았다. 효모가 위장 기능을 원활하게 해주는 한편 소화 작용을 돕는다는 연구 결과가 1930년대 발표되면서, 너 나 할 것 없이 효모를 찾기 시작했다. 이를 주목한 에자키는 1933년, 효모 비스킷을 만들기로 결심한다.

하지만 '효모 비스킷 제조'는 쉬운 일이 아니었다. 비스킷은 고온에서 굽는데 효모는 열을 견디지 못하기 때문이다. 에자

오사카의 상징이 된
글리코맨

키 사장은 비스킷 반죽에 효모를 넣는 대신 비스킷 사이에 들어가는 크림에 효모를 넣는 동시에 설탕의 양을 절반가량 줄이고 코코넛오일을 첨가하는 것으로 문제를 해결했다. 그리하여 살아 있는 효모가 들어간 크림을 끼운 샌드 비스킷이 완성되었다. 그런데 하나의 문제를 해결하자 또 다른 난제가 등장했다. 원래 에자키 사장은 이 효모 과자를 '코비스'(효모こうぼ를 함유한 비스킷ビスケッ)라는 이름으로 내놓으려 했으나 아무리 생각해도 어감이 마음에 들지 않은 것이다. 오랜 시간 고민을 거듭하던 에자키 사장은 글자 배열을 바꿔 '비스코'라 이름 지었는데, 그게 딱 입에 붙었다고 한다. 새로운 이름에 만족한 그는 개당 10전(당시 소바 한 그릇 가격)에 비스코를 판매했다.

모든 물자와 식량이 부족하던 시기, 과자 한 조각으로 영양 보충이 가능하다는 선전에 불티나게 팔리기 시작한 이 과자는 금세 국민 과자 반열에 올랐다. 포장지에 등장한 초대 '비스코 꼬마(비스코보야ビスコ坊や)' 또한 앙증맞은 얼굴로 인기를 누렸으

며, 지금까지 비스코의 겉포장 중앙에는 비스코 꼬마가 등장한다. 이후로도 회사 측은 제품 개량을 소홀히 하지 않았고, 현재는 효모 대신 1억 개의 유산균을 넣어 보다 고소하고 몸에 좋은 과자로 진화해 소비자들에게 큰 사랑을 받고 있다.

맛있는 감자 과자
자가리코 속 사람 이름

1995년 10월 23일, 대형 과자 제조 업체인 칼비Calbee는 '여고생들의 가방에 쏙 들어가는 과자'라는 콘셉트로 자그마한 종이 상자를 포장지로 채택한 감자 과자 자가리코じゃがりこ를 출시했다. 짭짜름한 맛과 아무리 먹어도 질리지 않는 바삭함으로 주목받은 이 과자는, 연간 4억 개 이상 판매되는 스낵계의 베스트셀러가 되었다..

그런데 이 과자, 콘셉트와

디자인만큼이나 이름의 유래가 재미있다. 당시 자가리코 개발자 중 한 명이 시장 조사 차원에서 친한 친구에게 이 과자를 건넸는데, 그 친구가 굉장히 맛있게 먹었다. 그 모습을 본 개발자는 과자 이름에 친구의 이름을 넣기로 했다. 그리고 아래의 과정을 거쳐 '자가리코'라는 과자 이름이 완성되었다고 한다.

ジャガイモ자가이모(감자) + りかこ리카코(친구 이름)

→ じゃがりかこ자가리카코

　(어감이 이상하네? '카'를 빼 볼까?)

→ じゃがりこ자가리코

　(그래, 이거지!)

　여기서 소개한 라무네와 비스코, 자가리코 말고도 일본에는 독특한 사연과 뛰어난 맛으로 소비자들의 마음을 사로잡은 과자들이 매우 많다. 따라서 일본을 여행할 때 여기서 소개한 간식과 더불어 다양한 주전부리를 먹어보는 것도 좋은 추억이 될 것이다.

젓가락이면 충분하다!
일본의 식사 매너

일본의 편의점 세븐일레븐에서 판매하는 비빔밥은 생각 이상으로 맛있다. 본고장 맛에 비할 바는 못 되나, 500엔 전후인 가격 대비 비빔 재료도 충실하고 간도 맞아서 가볍게 한 끼 해결하는 데 이만한 게 없다.

다만 한 가지 주의해야 할 점이 있다면 계산하면서 점원에게 "스푼 구다사이(스푼 주세요)."라 말하지 않으면 십중팔구 젓가락만 받게 된다는 것. 그나마 한국 문화에 익숙한 일본인 점원은 숟가락을 주지만 외국인, 특히 동남아시아나 중국 출신 점원들은 젓가락을 주는 일이 허다하다. 비벼 먹는 비빔밥에 젓가락이라니! 한국인 입장에서는 황당한 일이나 일본인들에게는 아무런 문제가 안 된다.

비벼 먹는 식문화가 활성화되지 않은 이 나라에서는, 비빔밥은 물론이고 규동을 비롯한 어지간한 덮밥류는 비비지 않고 젓가락으로 떠서 먹는다. 그러니 굳이 숟가락이 필요 없다. 이들이 얼마나 젓가락에 의존하는가 하면 미소시루(된장국)나 각종 국물조차 젓가락으로 먹는다(물론 국 안의 건더기를 젓가락으로 집어 먹고 국물은 그릇째 들고 마신다). 카레나 오므라이스와 같이 숟가락으로 떠서 먹는 음식도 간혹 있지만 대부분의 식사는 젓가락 두 개면 충분하다.

이렇듯 이들이 숟가락 사용을 최소화하는 식습관을 갖게 된 것은 열도의 역사와 깊은 관련이 있다.

중국에서 들여온 젓가락, 일상에 뿌리내리다

지금으로부터 1,400여 년 전인 608년, 견수사遣隋使 자격으로 수나라에 다녀온 오노노 이모코小野妹子 일행은 일본에 다양한 중국 문화를 전파했는데, 이 중에 젓가락도 포함되었다. 같은

시기, 17조 헌법과 관위 12체계를 마련하는 등 중앙집권 체제 확립에 힘쓴 쇼토쿠聖德 태자(574~622)는 견수사 일행이 들여온 중국 문화로써 조정의 기강을 세우고자 했다. 이 과정에서 식사할 때 젓가락을 사용하도록 하는 하시쇼쿠箸食 예식이 등장 했으며, 조정에서 시작한 젓가락 문화는 이후 귀족층을 거쳐 일반 민중에게도 널리 보급되었다.

이어서 7세기 후반 일본의 실권을 잡은 덴무天武 일왕(재위 673~686)은 불교 보급에 힘썼다. 동시에 전국에 육식 금지령을 내렸는데, 이후 1,200여 년간 일본 민중은 육류 대신 인근 바다에서 잡은 생선으로 단백질을 보충해야 했다. 이 때문에 일본 젓가락은 생선 가시를 잘 발라내기 위해 끝을 뾰족하게 하는 형태로 발전했다.

한편, 근세 이전의 민중은 비싼 백미 대신 조와 피, 검정콩, 대당미大唐米* 같은 잡곡으로 끼니를 해결했다. 다만, 이들 모두 포만감을 주는 음식이 아닌 탓에 잡곡에 국물이나 무 같은 내용물을 넣어 죽을 끓여 먹는 조스이雜炊 문화가 뿌리내렸다. 이렇듯 곡물에 국물을 넣어 먹는 식문화가 있었음에도 숟가락 사용을 주저한 데는 식사할 때 젓가락을 써야 한다는 하시쇼쿠 예식의 영향이 컸다.

아울러 그릇의 재질도 젓가락을 사용하는 식습관에 한몫했다. 임진왜란 이전, 도자기 굽는 기술이 전무했던 일본에서는 나무로 만든 식기에 음식을 담아 먹는 게 일반적이었다. 그런데 나무 그릇은 도자기에 비해 열전도율이 낮아서 그릇을 든

---

* 베트남에서 중국으로 들어간 적미赤米. 백미보다 맛은 떨어지나 가뭄과 병충해에 강하고 수확량이 많아서 민중에게 인기를 모았다.

채 젓가락으로 내용물을 쓸어 먹고, 남은 국물은 그릇에 입을 대고 마시면 됐다. 물론, 라멘이나 우동 등 국물을 떠먹어야 하는 요리의 경우 지리렌게散蓮華라는 연꽃잎을 닮은 숟가락을 사용하기도 하지만 대부분은 젓가락만으로 먹어 치운다.

덮밥은 덮밥일 뿐, 비비지 않는다!

"일본 음식은 눈으로 먹는다."라는 말이 있다. 그만큼 일식은 식재료 간의 조화와 음식의 모양새에 신경을 쓰며, 식재료 본연의 맛을 살리는 데 초점을 맞춘다. 그 예가 새해에 먹는 오세치御節 요리다. 오래전 열도 사람들은 한 해 농사가 끝나면 신에게 제물을 바쳤는데, 이때 바친 제물을 셋쿠節供, 제사상에 올라가는 음식을 셋쿠 요리라 불렀다.

여기서 기원한 오세치 요리는 한 해의 평안과 행복, 후손의 번영을 위해 조화를 중시하며 색으로 자연을 나타내는 한편 각 음식에 의미를 부여했다. 가령, 긴 수염을 가진 덕에 장수를 의미하게 된 새우, '기뻐하다'라는 뜻의 형용사 요로코부喜ぶ와

자연을 나타내는 색감과
식재료 각각의 의미를 살린 오세치 요리

발음이 비슷한 다시마(곤부こんぶ), 알의 수가 많은 것을 자손의
번성과 연결한 청어 알(가즈노코数の子) 등 제각각 의미를 가진 음
식을 놓아 새해 행복을 기원했다. 즉, 식재료 하나하나가 의미
를 가지고 있는 것이다. 그런데 이런 식재료들을 하나로 섞을
경우 재료가 가진 의미가 훼손되는 데다 전체적인 조화가 깨

지기 때문에 음식을 섞거나 비비는 것을 극도로 삼갔다.

이뿐만이 아니다. 음식에 계절감을 부여하고자 한 일본인들의 사상도 섞지 않는 문화에 이바지했다. 지난 시간 이들은 음식의 구성과 색상 조화로 계절감을 드러내는 데 초점을 맞췄고, 당연히 음식을 비비는 행위는 계절감(조화)을 훼손하는 것으로 치부했다. 이런 연유로 일본인들은 어지간해서는 음식을 비비지 않으며,* 카레조차 소스를 밥 위에 살짝 올려 밥과 함께 떠먹는 형태로 먹고 있다.

이렇듯 식사할 때 숟가락 사용을 최소화하기는 하나, 스키야すき屋를 비롯한 규동 전문점과 외국인 여행객이 많이 찾는 식당에는 숟가락이 놓여 있는 경우가 많다.

---

* 다키코미고항炊き込み御飯(생선, 버섯, 고기, 당근, 우엉 등을 섞어서 지은 밥)과 같이 비벼 먹는 음식도 있으나 우리처럼 형태가 사라질 정도로 비비지는 않는다.

포장해 가면 8퍼센트, 먹고 가면 10퍼센트? 알쏭달쏭 소비세

인기 있는 오토시 중 하나인 명란젓

일본 현지 이자카야나 골목 식당에 방문하면 자리에 앉기가 무섭게 조그만 밑반찬이 나올 때가 있다. 오토시お通し라 부르는 이 음식은 일종의 자릿값 개념으로, 에도 시대에 식당과 노점 직원들이 '이 테이블은 주문을 받았다.'라는 뜻에서 손님 자리에 놓은 게 오늘에 이르렀다.

注文を<u>通</u>した(주문을 거쳤다) → お通し(오토시)

자릿값 반찬
오토시

오토시로 자주 등장하는 음식으로는 껍질을 까지 않은 풋콩(에다마메枝豆)과 명란젓(멘타이코明太子), 두부 등이 있으며 손님이 원치 않더라도 계산서에 '주문 내역'으로 올라가는 게 일반적이다. 이런 사정을 모르는 외국인들이 계산서에 기재된 오토시 항목을 보고 직원들과 실랑이를 벌이는 경우도 적지 않으며, 일본 사람들조차도 오토시를 나쁜 상술이라 보고 있다.

물론 가게에 따라 이를 거절하는 게 가능하기도 하나 법적으로도 돈을 내야 한다는 해석이 나온 탓에, 울며 겨자 먹기로 돈을 낼 수밖에 없다. 참고로 오토시의 금액은 1인당 500엔 전후로, 그리 큰 돈은 아니지만 그렇다 해서 선뜻 내고 싶지도 않은 돈임에는 틀림없다.

물건을 집기 전에, 세전 가격인지
세후 가격인지 확인하자.

세전이나 세후나,
그것이 문제로다

일본 사정을 잘 모르는 여행객들에게는 오토시 같은 자릿값뿐 아니라 몇몇 마트나 식당의 가격표나 메뉴판에 기재된 가격과 실제 지불해야 하는 가격이 달라지는 것도 큰 난관이다. 이는 판매자가 가격을 내걸 때 세금을 포함하지 않은 가격으로 넣어도 법에 저촉받지 않는 데서 비롯했다.

업자 측에서는 좀 더 싸게 느껴지는 세전 가격으로 상품을 홍보하려 하게 마련이기 때문이다. 참고로 일본에서는 세금(소비세)이 포함되지 않은 금액을 제이누키税抜き, 세금이 포함된 금액은 제이코미税込み라 부른다. 일본에서 물건을 구입할 때는 미리 해당 물건 가격표에 세전으로 쓰여 있는지, 세후 가격으로 쓰여 있는지를 확인하는 것이 중요하다.

포장하면 8퍼센트, 배달 주문도 8퍼센트, 그런데 먹고 가면 10퍼센트?

2019년 10월 1일, 일본 정부는 기존 8퍼센트이던 소비세를 10퍼센트로 인상했다. 고령화와 저출산으로 세수 확보에 어려움을 겪은 것을 계기로 1989년에 상품 가격에 소비세 3퍼센트를 붙인 이후, 1997년에는 5퍼센트, 17년이 지난 2014년에는 8퍼센트로 올린 후 2019년 10월에 10퍼센트까지 인상한 것이다.

다만, 소비세 인상에 앞서 소비자 부담을 덜어주고자 슈퍼마켓 및 편의점 등에서 판매하는 식재료(음료, 과자, 채소, 과일, 고기, 도시락을 포함, 주류는 제외)와 주 2회 이상 발행하는 신문 등의 정기구독료는 현행 8퍼센트를 유지해 소비자 부담을 덜어주고자 했다. 또한 식당이나 편의점 내에서 취식하지 않고 포장할 때나 배달을 시킬 때에도 경감세율 8퍼센트를 적용받도록 했다. 이것을 근거로 일본 국세청은 "고객이 지정한 장소까지 식료품을 가져다주는 것은 '식사 제공'에 해당하지 않는다."라는 주석을 달아 배달 음식 판매자 측이 소비세 8퍼센트만 징수할 것을 고지했다.

쉽게 말해, 식당이나 카페 그리고 편의점 내 휴게실에서 음식을 먹고 갈 때에는 '판매자 측의 식사 제공'에 해당하기에 소비세가 10퍼센트 붙고, 배달과 포장은 음식 양도에 지나지 않기 때문에 소비세 8퍼센트가 붙는다는 의미다. 이런 연유로, 전국의 식당과 카페, 편의점 등에서는 주문 시 손님들에게 "드시고 가실 거예요, 포장해 가실 거예요?"라 물은 후 각각의 상황에 맞게 소비세를 받는다.

※ 주의할 것이 있다. 주류는 '생활 필수 식재료'에 해당하지 않기 때문에 슈퍼마켓에서 구입하거나 배달, 포장을 하더라도 소비세 10퍼센트가 붙는다.

참고문헌

1. 단행본

- 安藤優一郎, 『江戸の色町遊女と吉原の歴史―江戸文化から見た吉原と遊女の生活』, カンゼン, 2016.
- 池内了, 『30の発明から読む日本史』, 日本経済新聞出版社, 2018.
- 石川理夫, 『温泉の日本史―記紀の古湯, 武将の隠し湯, 温泉番付』, 中央新書, 2018.
- 伊藤善資, 『江戸の居酒屋』, 洋泉社, 2017.
- 宇田川勝, 『司謎解き日本列島』, ベレ出版, 2020.
- 老川慶喜, 『鉄道と観光の近現代史』, 河出書房新社, 2017.
- 岡田哲, 『ラーメンの誕生』, 筑摩書房, 2019.
- 大久保洋子, 『江戸の食空間屋台から日本料理へ』, 株式会社講談社,

2012.

- 奥村彪生,『麺の歴史: ラーメンはどこから来たか』, 角川ソフィア文庫, 2017.
- 小和田哲男,『知識ゼロからの日本の城入門』, 幻冬舎, 2009.
- 加藤理文,『よくわかる日本の城日本城郭検定公式参考書』, 学研プラス, 2017.
- 小林忠,『浮世絵の歴史』, 美術出版社, 1998.
- 沢井竜太,『江戸時代の暮らし完全ガイド』, 株式会社 晋遊舎, 2019.
- スーパービジュアル 大江戸歴史文化研究会,『江戸300年の暮らし大全』, PHP, 2015.
- 関川誠他,『寿司の教科書』, 株式会社 宝島社, 2013.
- 高井尚之,『カフェと日本人』, 講談社, 2014.
- 旦部幸博,『珈琲の世界史』, 講談社, 2017.
- 中山良昭,『オールカラーでわかりやすい!日本の城: 城の成り立ちから城郭の構造まで!』, 西東社, 2015.
- 西田知己,『実は科学的!? 江戸時代の生活百景』, 東京堂出版, 2018.
- 野瀬泰伸,『食は県民性では語れない』, 角川新書, 2017.
- ハイパープレス,『いつ始まった?なぜそうなった?日本人の素朴な大疑問・習慣・行動文化のルーツを探る』, 株式会社PHP研究所, 2002.
- ハトコ,『ひみつのローソンスイーツ開発室 』KADOKAWA, 2015.
- 原田伊織,『日本人が知らされてこなかった「江戸」』, SB新書, 2018.
- 原田信男,『江戸の食文化』, 株式会社 小学館, 2014.
- ブルボンクリエイション,『超簡単参勤交代』, Beyond Books, 2014.

- 本田豊, 『絵が語る知らなかった江戸の暮らし〈庶民の巻〉』, 遊子館, 2008.
- 町田忍, 『懐かしくて新しい銭湯学』, 株式会社メイツユニバーサルコンテンツ, 2021.
- 三田村蕗子, 『コスプレ: なぜ日本人は制服が好きなのか』, 祥伝社, 2008.
- 宮崎正勝, 『知っておきたい食の日本史』, 角川ソフィア文庫, 2014.
- 森田健司, 『江戸暮らしの内側快適で平和で生きる知恵』, 中央公論新社, 2019.
- 山田雅夫, 『現代の都市設計家が解説絵解きでわかる日本の城』, 日東書院本社, 2017.
- 山田有司, 『ウソみたいだけど本当にあった歴史雑学』, 彩図社, 2021.
- 吉岡秀子, 『コンビニおいしい進化史 売れるトレンドのつくり方』, 平凡社新書, 2019.
- 歴史ミステリクラブ, 『図解! 江戸時代』, 三笠書房, 2015.
- 話題の達人クラブ, 『日本人の9割が答えられない日本の大疑問100』, 青春出版社, 2016 .
- 이연식,《유혹하는 그림, 우키요에 우키요에를 따라 일본 에도 시대를 거닐다》, 아트북스, 2009.

2. 논문

- 秋山久美子,「清涼飲料水の近代史 コレラ流行とラムネ」, 昭和女子大学 学苑·近代文化所紀要 No803 94-101, 2007.
- 小貫浩,「江戸の「暖簾」と「看板」」, 早稲田大学大学院教育学研究科紀要 別冊24号―1, 2016.
- 川辺信雄,「コンビニエンス・ストアの経営史―日本におけるコンビニ エンス・ストアの30年」, 早稲田商学 第400号, 2004.
- 北端信彦,「『暖簾』その意と匠」, 大阪芸術大学紀要『藝術17』, 1992.
- 平賀裕子,「ごめんなさい?すみません?―ウチ・ソトの視点からの謝罪 考察」, 2005.
- マリア・ロドリゲス・デル・アリサル,「弁当と日本文化」, 2001.

3. 웹사이트

- http://www.jama.or.jp/oeration/kei-car/pdf/kcar_20220912.pdf 一般社 団法人 全国軽自動車協会連合会. "知れば知るほどいいね! 軽自動車". 2022-09.
- http://www.nippon.com/ja/japan-data/h01553 "2022年の新車販売420 万台: 半導体不足響き45年ぶり低水準", 2023-01-06.
- http://autoc-one.jp/toyota/launch-5000502/ 小鮒康一, "トヨタ, 次世代 "JPN TAXI"(ジャパンタクシー)を発売 | 2020東京オリンピックに向

け, 日本人の"おもてなしの心"をデザイン". mota. 2017-10-24.

- http://www.j-sda.or.jp/kids/data/pdf/rekishi1.pdf 一般社団法人 全国清涼飲料工業会, "清涼飲料の歴史", 一般社団法人 全国清涼飲料工業会.

- https://www.bus.or.jp/index.html 公益社団法人 日本バス協会, "バスのミニ知識".

- http://www.randoseru.gr.jp/ 一般社団法人 日本鞄協会 ランドセル工業会, "ランドセルQ&A".

- http://toshintec.co.jp/ トーシンテック株式会社.

- http://hicbc.com/tv/ronsetsu/?id=post-2366 北辻利寿, "自動販売機はじめて物語〜コーラとコーヒーが日本での歴史を開拓した!", 中部日本放送, 2022-01-18.

- http://www.jvma.or.jp/ 日本自動販売システム機械工業会, "よくあるご質問".

- http://www.jvma.or.jp/ 日本自動販売システム機械工業会, "自販機データ".

- https://mainichi.jp/articles/20170618/gnw/00m/040/002000c ブルボンクリエイション, "そんなにかかるの? 参勤交代にかかる費用が驚きの金額だった!", 毎日新聞社, 2017-6-18.

- https://mag.japaaan.com/archives/68437 桑畑絹子, "平安時代には既に原型が. ドラマ「わろてんか」で注目, 漫才の歴史 [中世〜近世編]", Japaaan magazine, 2018-02-06.

- https://www.mizkan.co.jp/ Mizkan, "なるほど豆知識", 株式会社 Mizkan.

- https://www.popalpha.co.jp/blog/post/hiragay/noren 販促マップ, "「暖簾分け」由来と意味, きちんとわかりますか?", 2018-08-08,

- http://marukin777.com/web/mamechishiki.html 福袋大全集, "福袋豆知識".

- http://www.e-drink.jp/lamune/全国清涼飲料協同組合連合会, "What' ラムネ".

- https://www.glico.com/jp/company/100th/history/ 江崎グリコ 創立100周年記念サイト, "これまでの100年".

- http://karaage.ne.jp/ 日本唐揚協会, "唐揚げとは".

- http://mikado-coffee.com/ ミカド珈琲商会: MIKADO COFFEE, "ミカド珈琲について".

- https://medamayaki.net/menu.html 全日本目玉焼き学会, "目玉焼きの食べ方".

- https://www.cnn.co.jp/business/35147384.html CNN JAPAN, "フライドチキンが「日本のクリスマスの伝統」になった理由".

- http://www.spa.or.jp/category/onsen/ 日本温泉協会「温泉名人」, "温泉百科", 2023-04-17.

- https://www.kankokeizai.com/%E6%B8%A9%E6%B3%89%E5%9C%B0%E5%85%A8%E5%9B%BD%E3%81%AB2894%E3%83%B5%E6%89%80%E3%80%8021%E5%B9%B4%E5%BA%A6-%E5%89%8D%E5%B9%B4%E6%AF%9440%E3%83%B5%E6%89%80%E6%B8%9B/ 観光経済新聞, "温泉地全国に2894ヵ所 21年度 前年比40ヵ所減".

- http://seikatsusoken.jp/teiten/category/3.html/ 博報堂生活総合研究所, "博報堂生活総合研究所「生活定点」調査", 2022.

- https://macaro-ni.jp/107181?page=2 macaroni, "好きな食べ物の人気ランキングTOP10! 約2,000票から選ばれたおすすめ料理は?", 2022-01-27.

- http://honkawa2.sakura.ne.jp/0332.html/ NHK放送文化研究所世論調査部, "日本人の好きなもの", 2008.

- http://shokubiz.com/topics/1833/ ショクビズ, "食品自販機は「非接触」「人材不足」に対応することで、新たな販路として定着するか", 2022-01-06.

- https://www.postalmuseum.jp/publication/description/docs/kaisetsu_urisageki.pdf 郵政博物館, "自動郵便切手葉書売下機".

- https://news.nissyoku.co.jp/news/nss-8823-0062 日本食糧新聞, "安藤百福記念賞表彰式: ザ・鈴木代表取締役・鈴木允氏", 2001-03-26.

- https://article.yahoo.co.jp/detail/019ac5908961306127ee42d3045cc6f543753a3d Macaroni, "コンビニの700円くじはいつ引ける? 2022年のくじ引き情報「ローソン・ファミマ・セブン・ミニストップ」", 2022-12-16.

- http://www.lawson.co.jp/company/news/detail/1267969_2504.html/ 株式会社Lawson, "「からあげクン」誕生から30年", 2016.

- https://www.7andi.com/ir/individual/pride/onigiri.html/ 株式会社セブン＆アイ・ホールディングス, "セブン＆アイグループのこだわりおにぎりへのこだわり".

그림 출처

21쪽 https://nlab.itmedia.co.jp/gg/articles/1303/11/news059.html

42쪽 스즈키자동차 홈페이지 https://www.suzuki.co.jp/car

66쪽 ⓒ Opponent (Wikimedia Commons)

86쪽 Johan Maurits van Lijnden(Carl Wilhelm Mieling), Souvenirs du Japon, 네덜란드 왕립도서관 소장

93쪽 Jukich Inouye, *Home Life in Tokyo*, 1910, p. 18

116쪽 네덜란드 암스테르담 국립미술관 소장

130쪽 작가 미상 (Wikimedia Commons)

142쪽 일본 도쿄국립박물관 소장

151쪽 ⓒ 投稿者ガ撮影 (Wikimedia Commons)

162쪽 영국박물관 소장

171쪽 소장 Clarence Buckingham Collection